李白传

梦到长安三万里

飞羽 著

民主与建设出版社
·北京·

© 民主与建设出版社，2023

图书在版编目（CIP）数据

李白传：梦到长安三万里/飞羽著． -- 北京：民主与建设出版社，2023.8
　ISBN 978-7-5139-4301-7

Ⅰ.①李… Ⅱ.①飞… Ⅲ.①李白（701—762）-传记 Ⅳ.①K825.6

中国国家版本馆CIP数据核字（2023）第140365号

李白传：梦到长安三万里
LI BAI ZHUAN MENG DAO CHANG'AN SAN WAN LI

著　　者	飞　羽
责任编辑	彭　现
封面设计	李　奥
出版发行	民主与建设出版社有限责任公司
电　　话	（010）59417747　59419778
社　　址	北京市海淀区西三环中路10号望海楼E座7层
邮　　编	100142
印　　刷	三河市骏杰印刷有限公司
版　　次	2023年8月第1版
印　　次	2023年10月第1次印刷
开　　本	880毫米×1230毫米　1/32
印　　张	9.25
字　　数	200千字
书　　号	ISBN 978-7-5139-4301-7
定　　价	49.80元

注：如有印、装质量问题，请与出版社联系。

前言

对于李白，国人都不会陌生。然而究其生平事迹，却大多只知一二。付诸史书的第一手资料乏善可陈，大多是些后世人的考据。

在写这本书之前，鄙人对李白的认识止步于他的诗词，九百多首诗，说多不多，说少不少，通读一遍，李白的个人形象已然活在了我心中。

这是我创作这本书的初衷。

在整个创作过程中，我参考了多方资料，试图还原一个真实的李白。然，大多数事迹依然来自李白的诗词之中。

李白所生活的年代距离我们已过于久远，关于他的经历，很多事都已无法确定，只能尽力在其诗词之上，用想象力去再现他一生的所遇所想。

所以，这本传记并非事皆有据的学术性传记，但也不是基于想象的虚构之作。

在对其生平尽可能了解之后,我基于确定的史料、考据,以及李白的诗词赋,写出了我所理解的李白。

我尽可能在他的诗词赋中想象其所遇,感受其所思所想,结合文学创作上的合理想象,将写实与虚构结合,洋洋洒洒十数万字,把我心目中的李白付诸笔端。

这也许不是历史上那个真实准确的李白,或者说无人可以写出那个十分真实的李白。

我所能做的、所能写的,就是尽所能地透过其诗词赋,还原一个有血有肉,有情有义的大唐"诗仙"。

目录

楔子
命运的齿轮碾过每一寸理想 / 2

第一章 身世谜
一 扶摇直上九万里 / 8
二 天子呼来不上船 / 16
三 大道如青天 / 26
四 树深时见鹿 / 33
五 行路难 / 39

第二章 少年游
一 且尽手中杯 / 48
二 昔人已乘黄鹤去 / 56
三 烟花三月下江南 / 61
四 举头望明月 / 67

第三章 温柔乡
一 梦里花落知多少 / 76
二 愿为东南枝 / 84
三 太白斗酒诗百篇 / 93
四 若浮云而无依 / 100

第四章 长安漂
一 秋坐金张馆 / 108
二 终南山的雨 / 117
三 邠州行 / 123
四 我昔斗鸡徒 / 129
五 鲜衣怒马五陵豪 / 136

第五章　侠客行

一　对酒遂作梁园歌 / 144

二　异姓为天伦 / 153

三　千里不留行 / 161

四　落日故人情 / 169

第六章　龙城游

一　我醉欲眠卿且去 / 178

二　一日须倾三百杯 / 184

三　梦绕边城月 / 189

四　黄河之水天上来 / 198

第七章　谪仙人

一　抚背复谁怜 / 208

二　莫愁前路无知己 / 216

三　文章憎命达 / 227

四　四明有狂客 / 231

第八章　天下乱

一　千金买璧 / 238

二　举杯消愁愁更愁 / 241

三　不及汪伦送我情 / 252

四　飞流直下三千尺 / 260

第九章　临终歌

一　归时倘佩黄金印 / 268

二　流泪请曹公 / 273

三　轻舟已过万重山 / 279

四　扶摇直上九万里 / 284

楔子

命运的齿轮碾过每一寸理想

　　暮春的雨下了一场又一场。

　　天还未亮，长安城一百多个坊淹了一大半，雨水混着尘土，搅和成半脚深的泥水，赶早朝的官员们前赴后继，在泥泞里艰难跋涉。

　　马已经没法走了，走两步滑一步，危险得很。

　　高品阶的官员们看天色不好，早一天就留宿在了宫城内，以免次日遭遇泥泞，毕竟绯色的官服是毕生的荣耀，岂能被卑贱的泥水裹挟。他们可以干干净净地出现在玄宗皇帝的金銮殿里，高谈阔论足以影响万千臣民的策论。

　　更多无法留宿宫城的中层官僚则纷纷披蓑衣、戴斗笠，前有仆从开道，以免主人误踏入泥坑，后有奴仆断后，乌泱泱一群人，簇拥着主人朝着大唐的中枢——天子所在的宫城而去。

　　低阶官员则只能形单影只小心避让着那些前呼后拥的大人们，试探着踩下每一个脚印，生怕脚底打滑，稍有不慎跌落泥坑。

　　毕竟，没人想一身脏泥站在天子面前。

　　在这些顶着绵绵细雨、深一脚浅一脚、满是愁容的人群末尾，四十岁出头的李白正神情落寞地望着宫城的方向，满脸愁绪。

他在昨晚下了一个天大的决心,他要向大唐天子上表辞官。

自一年前被贺知章与玉真公主推荐,皇帝亲自下旨,他应诏来到长安,到今晨已一年有余。

为了做官,二十多年好以荣利干谒,为此多少次低声下气,吹捧那些身居高位的陌生人。吃了无数次闭门羹,得到或明或暗的嘲讽,为的不就是一官半职?为的不就是一个在天子面前说话的机会?

当他终于得到这个机会时,却发现事与愿违。

一年前,玄宗皇帝赐他翰林供奉,在翰林院待诏。起初他也有雄心壮志,毕竟那时天子赐食,亲手为他调羹,并告诉他说:"卿是布衣,名为朕知,非素蓄道义,何以及此?"

皇帝夸他坚守道义,于是赐他翰林供奉,承诺日后时机得当,再赐中书舍人。

翰林供奉,虽与翰林学士名称失之毫厘,实际地位职责却谬以千里。翰林学士在翰林学士院办公,负责为皇帝起草诏书,咨询国政事宜,官微言重,当真是帝前红人。

而李白所任的翰林供奉,则在翰林院办公,职责只需看看他周围的那些人便可知。搞杂耍的、弹乐器的、斗鸡走狗的、道士、画师等等,比比皆是。

学士院与翰林院一墙之隔,一南一北,地位却天差地别。

李白知道,此时的他不过是天子眼里的玩物,负责为大唐的盛世锦上添花。而中书舍人则不同,那是真正的天子亲信,去年过世的一代名相张九龄,就曾在这个职位上干过。

皇帝许诺的职位,在李白的心里种下了一颗希望的种子,所以他可以在天子招之即来挥之即去的时刻，赔笑为皇帝的宠妃写下"云想衣裳花想容，春风拂槛露华浓"，可以忍耐与那些杂耍艺人共处一室，日复一日等待皇帝的重用；亦可以忍受宫廷里其他人听闻他是商人之子时投来的鄙夷目光。自然，绵绵细雨的鬼天气，官靴里灌满泥浆的刺冷亦不在话下。

只是，李白等了一年，迟迟等不到任命他为中书舍人的诏书。

是不是皇帝忘记了？

毕竟他日理万机，还要与宠妃夜夜笙歌。

或许是听信小人谗言？

李白已经不止一次，从他人那里或多或少听见关于自己的谣言。

或许是他过于锋芒毕露了？

李白想起前些日子的那次诏见，他让高力士脱靴，让贵妃研墨，他或许真的做得有些过头了。

可是天子一言，岂可失信？

李白决定孤注一掷，他已在昨晚写好了言辞华丽的辞呈，他要以辞呈为石子，投进皇帝的心田，希望可以激起皇帝的记忆，让皇帝想起曾经的诺言。

他甚至想象，只要他投出辞呈，皇帝必然想起曾经的诺言。

玄宗皇帝雄才大略，他又是名动天下的李白，一番才子要官、帝王赐爵的美谈也许正在酝酿，史官的笔尖已经饱蘸浓墨，只等他投出那封决定他命运的辞呈。

想到这里，李白攥紧了袖子里的辞呈，收敛起笑容，用力地踩进泥水里，抬头看了眼笼罩在细雨里的雾蒙蒙的宫城。

那时的李白还不知道，这将是他最后一次踏进宫城，自此之后，他再也没能回到长安，他心心念念、梦寐以求的长安。

他更无法预知的是，也许关于他一生的命运，早在四十年前他出生那一刻，他母亲红着脸告知其父，她梦见太白金星入肚的那一刻，就已经注定了。

从那一天开始，上天拨动了他命运的齿轮，将天下所有的才华灌注于他一身，也将命运的残酷随手洒下，碾过他内心深处的每一寸理想。

于是，在大唐开元天宝这一方璀璨夺目而又残酷无情的舞台上，关于李白的那一出戏，缓缓拉开了序幕……

第一章 身世谜

一　扶摇直上九万里

天宝三载（744年），长安城。

随着第一声晨钟敲响在承天门，沉闷的钟声在城内各坊此起彼伏，回荡在漆黑一团的大街小巷，宛若催人早起的老妪，将清脆的钟声悄悄塞进榻上人的梦乡。

李白挣扎了许久才将自己从榻上拽起，匆匆忙忙披上衣服，拽出马厩里的那匹骏马，迷迷糊糊出了门。

他本打算在马背上再小憩一会儿，可冷冽的风一吹，李白浑身一激灵，彻底醒转过来。

他忽然想起今天有非常重要的事情要办。于是他一手拽着胯下白马的缰绳，腾出另外一只手，用力地抹了把脸，在怀里摸了摸。还好，昨晚写的那封辞呈还完好地躺在怀兜里。

是的，他打算走这一步险棋：用辞呈来提醒皇帝，该赐给他一个真正的官了。

做官，然后辅佐君王兼济天下，将心中抱负才干尽情施展，之后像古代先贤那般归隐，是李白活了四十多年来最大的理想。对于从来都自比管仲、诸葛亮的李白来说，入仕成了他倾注热情的所在。

为了这个倾注了所有热情的理想，从天宝元年（742年）夏天应诏来到长安算起，到天宝三载（744年）的暮春，他已经在长安待了一年有余。

可皇帝承诺的官，始终没有赐给他。

犹记得一年半之前，他离开宣城的家，去往会稽拜访友人吴筠。

吴筠乃当世名满天下的道士。李唐王朝认祖归宗，认了李耳，自然也就好道，因此下诏当世名道吴筠入朝。李白作为吴筠的友人，就没皮没脸地跟了来。

既然是朋友，吴筠自然是要在皇帝面前替李白美言几句的。

后来，有人说是吴筠将李白带到了长安，推荐给了玉真公主或玄宗皇帝；也有人说，是吴筠先去了长安，将李白的大名带给了玄宗皇帝，于是皇帝下诏李白入京，这才有了那句千古名句：仰天大笑出门去，我辈岂是蓬蒿人。

现如今，李白已经年过四十，他十几岁就开始以诗文干谒当世官僚，希望能博得一个被举荐的机会。算起来，少说也有二十多年了，给达官贵人的干谒诗，有豪放的，有低眉顺眼的，有近乎谄媚的，也有傲气凌人的，然而不管他怎么写诗，到头来依然一无所获。

千金早已在年轻时散去，官帽是一顶也没戴过。

他躺在宣城家徒四壁的家里，同居的刘氏看见他就皱眉，恨不得白眼翻到天上去。

在与他同处之前，她只听闻这家伙是很有名的什么大诗人，结交的朋友都是权贵，就以身相许了。结果过了段日子才发现，钱，是没有的；官，也是别人的；这个叫李白的男人，除了喝酒，就是不着家，一出门就是好几个月，丢下俩孩子给她。她早受不了这样的日子了，只等他访友回家，跟他摊牌，随便找个借口将他赶出去。

结果李白归来的那一天清晨，刘氏还未开口，就已听见院落里李白近乎癫狂的笑声，让刘氏赶紧给他收拾行囊，他要上长安！去金銮殿！

刘氏气不打一处来，正欲呵斥几句，却话头都没敢说出来。如果她没看走眼的话，确有戴官帽的，正侍立在柴扉处，恭敬地望着仰天长笑的李白。

想到这里，李白重重地叹息一声。回首一年前的旧景，依然历历在目，仿佛那时候的兴奋和激动都还在胸腔里未散去。

本以为来这长安，乃是"仰天大笑出门去，我辈岂是蓬蒿人"，现在倒好，竟要用辞呈来提醒皇帝该赐给自己一个真正的官了。

他已经四十四岁，千金，早已散尽，官帽，从未戴过。他觉得自己已经没办法再等了，他已经等了二十多年，等得太久了。

记忆中刘氏的白眼让李白重又打起精神。骏马叹息着在黑暗中摸索，漆黑的街头亮起两团小小的暖色，他揉了揉眼睛，试图看清前头大街上藏在暖光里的屋檐。

昨晚的夜酒还未完全清醒，不过李白不会看错，前面便该到千秋观了。

这条路他从天宝元年的夏天一直走到天宝三载（744年）的暮春，前后一年多，走了不下数百回，早已轻车熟路。

果然，如墨般化不开的天色里，屋檐下两盏昏黄的灯笼，照亮了檐下挂着的牌匾，上书三个龙飞凤舞的草字：千秋观。

这是刚刚致仕的贺知章的亲笔手书。

两个多月前,八十六岁的贺知章向皇帝告老辞官,回会稽老家去了。

归老之前,贺知章给皇帝上表,想以道士的身份致仕,且将贺宅改为道观,求皇帝赐名,玄宗皇帝说"不如就叫千秋观吧,顺便,你老家的宅子,也叫这个名吧"。于是贺知章在长安城宣平坊的宅子,就这样成了道观。

接着便是离去前盛大的宴会,皇帝宴请众臣,为贺知章送行。玄宗皇帝向来附庸风雅,又时刻想着为自己的盛世锦上添花,自然不会错过为当世大诗人送行赋诗的机会。

玄宗皇帝为告老还乡的贺知章亲自赋诗一首,以示盛世君臣佳话。

贺知章一生顺遂,随心所欲,纵横宦海数十年,功成身退,是多少人艳羡的人生。

谁都想跟这位老人攀上哪怕一丁点的关系,连后世讽为口蜜腹剑的李林甫都在宴会上赋了一首诗。

于是,长乐坡上,皇帝宴请,百官送行。八十六岁的贺知章,用自己的一生为帝王服务,终于获得了无上的尊荣,达到了他人生的巅峰。

自此,李白在长安少了一个忘年交,在内心深处少了一个精神寄托。

此后的每一天,李白每每路过老友宅前,便会吟起前不久才从贺知章老家传回长安城的那首小诗。

回乡偶书二首·其一

少小离家老大回,乡音无改鬓毛衰。

儿童相见不相识，笑问客从何处来。

千里之外的风尘仆仆，不改贺监诗中的无限感慨。他似乎也在用这首诗，规劝着身处长安的同僚们，人生苦短，意义何在。

每当李白念起这首诗，心里总会涌起深深的感激：只因贺监，乃是他干谒求官二十多年，唯一赏识且又愿推着他往上走一步的伯乐。

李白依然记得天宝元年初到长安，在平康坊酒肆偶遇贺知章。老人醉醺醺地坐在酒肆外，像是睡着了。

李白大踏步走上前去，将那首《蜀道难》递送给贺知章。

贺知章醉眼蒙眬，扯着李白的诗文看了许久……

蜀道难（节选）

噫吁嚱，危乎高哉！
蜀道之难，难于上青天！
蚕丛及鱼凫，开国何茫然！
尔来四万八千岁，不与秦塞通人烟。
西当太白有鸟道，可以横绝峨眉巅。
地崩山摧壮士死，然后天梯石栈相钩连。
…………

贺知章眼里忽然有了光，定定地望着站在路边的李白：那是一个眸子炯炯有神，口大若虎的中年人。

李白永远记得贺知章脱口而出的那句话："子，谪仙人也！"

于是不顾年龄、官阶悬殊，他李白是四十出头奉诏来长安求官的失意人，他贺知章是皇帝座前的大红人，四手相携而进酒肆，痛饮美酒，不醉不归。

从来没有一个身居如此高位的人这样对待过李白，李白那时候便明白，他这一趟来长安，算是找对人了。

最后，哪怕喝得李白掏空了钱袋，喝得贺监拿出天子御赐的金龟换酒，二人依然不想分别。

李白终其一生，都没忘记贺知章对他的知遇之恩。每当他回忆起与这位故友在长安的点点滴滴，他首先想到的，总会是老人对他的赏识，只因在这艰难求索的一生里，那位名叫贺知章的老人给了他最好的回应。于是他夸贺知章"四明有狂客，风流贺季真"，于是他写贺知章慧眼识才，"长安一相见，呼我谪仙人"。

再后来，贺知章将他引荐给皇帝，极尽溢美之词，贺监本就是名满天下的大才子，却如此称赞另一位布衣，连玄宗皇帝都起了兴致。

天宝元年，李白终于走进了梦寐以求的金銮殿。

玄宗皇帝降辇步迎，如见绮皓。以七宝床赐食，奴手调羹以饭之。意思是玄宗像古代对待贤人那样，亲自下台阶去迎接他，甚至赐下华美的坐具，亲手给他送上羹汤美食。

李白想要的一切，似乎都在天宝元年的这一天得到了。

李白的得意之情是掩盖不住的，毕竟哪怕是失意时，他也是那样地狂放不羁。

金灿灿的宫殿里，玄宗皇帝先封了他翰林供奉，许诺日后给他中书舍人的职位。

翰林供奉是陪着皇帝玩乐的玩伴，但中书舍人不一样，这是天子

近臣，掌机密草诏，协助宰相处理政务，甚至能左右皇帝的决策。

多少名相都是从这个位置上升迁为宰相的，远如张九龄，近如李白在蜀中老家时的故知苏颋。

天宝元年的李白，仿佛已经看见了璀璨的未来。

他在诗里不断地表现着这种汹涌的激动。陪着玄宗皇帝去华清池温泉宫出游归来，半路上遇见从前的故人，李白兴奋地写"激赏摇天笔，承恩赐御衣"，皇上夸我文章写得好，赏了我华丽的宫锦御衣，我现在混得好了，所以"逢君奏明主，他日共翻飞"，等过几天，我在皇上面前给你美言几句，到时候也赏你个官，咱俩一起扶摇直上九万里！当大官！

这时的李白是"幸陪鸾辇出鸿都，身骑飞龙天马驹。王公大人借颜色，金璋紫绶来相趋"，好马配好鞍，他李白这匹骏马，终于也遇上了自己的好鞍。

从前不愿意多看他哪怕一眼的王公贵人们，此时此刻前赴后继，非要跟他搭上一句话……

一切仿佛都会越来越好，从前二十多年求官受过的委屈，挨过的白眼，在这一刻都化作了荣誉的点缀。

但是很快，李白就发现，一切似乎并未改变。他不过是从一个求而不得的牢笼，进入了另外一个得而不能的牢笼。

二 天子呼来不上船

贺知章致仕辞行前，上表皇帝以道士告老，玄宗皇帝欣然应允。就在不久之前，贺知章还曾就儿子的名字找皇帝赐名。玄宗皇帝想了想说，你一生都有信义，不如就叫孚吧，孚，信义也。

后世的人无法得知贺知章具体的心情，但不少闲闻逸趣都提出贺知章对这个赐名并不满意。

孚字上下分开，乃爪下子，寓意是说他的儿子是爪子。

而贺知章辞官，照旧例，皇帝必然要先表演一番挽留的，以示君臣融洽。但皇帝并未挽留贺知章，哪怕只是逢场作戏都没有。

贺知章以家舍为道观请求玄宗皇帝同意，也颇有深意。

李唐王朝以道家老子李耳为祖，对道教很是尊崇，到了玄宗朝，玄宗皇帝自己都授了符箓，成了道士皇帝。

不难想象，贺知章一系列的表现应有深意，似为隐藏极深的讽谏。

当时李白的好友道士吴筠也在朝廷，与李白一道为翰林供奉。他作为名满天下的道士，在面对玄宗对于修道的询问时，都冷冷回绝了皇帝，甚至表示修道是山野之人的路途，天子自有其路途，不可与山野之人一样。

因此，对于玄宗朝的吏治崩坏，贺知章这位有史以来的浙江第一位状元郎，应该在内心深处有他自己的判断与看法。晚年越发旷达，对官场毫不眷恋的心态，也许就是他内心深处的真实写照。

也许还有一个原因，贺知章是太子李亨的老师。玄宗皇帝对于太子一向是防子如防贼，甚至从前为了帝位，不惜一日杀数子。

当时又是李林甫专权，李林甫正好又是太子对立面永王的拥趸。

那么贺知章的告老，就变得水到渠成了。

至于李白有没有窥探到朝堂的暗流涌动，不得而知。但李白为自己的这位伯乐写了两首送行诗，一首私下送行，一首应皇命而作。

李林甫也照着皇帝的意思，写了一首应制送行诗。

君臣同僚，一派其乐融融的景象。这是玄宗皇帝想要的君臣佳话，唯有盛世才能将其展现得淋漓尽致。朝堂上下百官乐得逢迎君王心意，贺知章也得了一场热闹非凡的送行宴会。

而风平浪静的表象之下，涌动着何种倾轧危机，也只有身在其中的人能知晓了。

但这场百官送别的盛会，李白也许并未参加，因为他没有资格。李白拥有的翰林供奉头衔，不过是一种名誉头衔，实际上很多民间杂耍艺人，包括那位古代音乐家李龟年，还有李白的道士朋友吴筠，都是这个头衔。

说是官，品级都没有。没有品级，自然不能参加百官送行宴。

但私下里，他们应该是见了最后一面的，贺知章好酒，好诗，李白亦是，惺惺相惜的两人，相见恨晚，他们没有理由不见最后一面。毕竟，贺知章已经八十六高龄了，他们彼此内心都清楚，这一别，也许就是最后一面。

贺知章走了，李白信心满满以为马上会降临的官职似乎也随着贺知章离开长安的背影，逐渐变得可望而不可即。

翰林供奉虽不是正儿八经的官，但也不能随意离开翰林北院，必须保持随时奉诏的状态。皇上也许今天想要看个魔术表演，也许明天忽然想要听个山野小曲，或者某天刚好诗兴大发，那么就会有侍从去往翰林北院，召唤某人前往皇帝面前，满足他随时兴起的玩乐欲望。

这个时间也许是一天，也许是十天，也许是一个月，还有可能是半年一年，总之，谁也不知道皇帝的心思会在什么时候冒出来，翰林供奉所能做的就是等待，日复一日地等待。

李白自然在所难免。

日子一天一天过去，李白站在翰林北院，望着遥远的天空，经常陷入一种恍惚，仿佛自己还在蜀中，还在山野，还在大江大河之上，这样的神思无法维持多久，一低头，就能发现现实的百无聊赖。

玄宗皇帝过了那个写诗作赋的兴头，李白便也记不得多久没有再侍从御前了。

他无一事可做，唯有看书。但书也有看厌倦的时候，他的屁股越来越坐不住了，他的牢骚也是越来越多地随着诗句的吟诵而发出。

翰林北院的众人看着这位奇怪的诗人，心想他胆子可真大，那样的诗也写得？

李白才不管那么多，心里苦闷，他就不管不顾地写出来。

翰林读书言怀呈集贤诸学士
晨趋紫禁中，夕待金门诏。
观书散遗帙，探古穷至妙。

> 片言苟会心，掩卷忽而笑。
> 青蝇易相点，白雪难同调。
> 本是疏散人，屡贻褊促诮。
> 云天属清朗，林壑忆游眺。
> 或时清风来，闲倚栏下啸。
> 严光桐庐溪，谢客临海峤。
> 功成谢人间，从此一投钓。

他说自己闲得不行，只能看书，看完了就发笑，身边的人都是凡夫俗子，没一个说得上话的，他来长安不过是想建功立业，等一切都办成了，就学范蠡隐匿江湖……

写完了他就扔下笔，抬头看着与翰林院一墙之隔的学士院。

那里是翰林学士办公的地方，以前这些人和李白他们一起待在翰林院，学士与杂流共处一室。后来皇帝似乎觉得不太雅观，便把翰林学士迁到了一墙之隔的学士院。

翰林学士是真正的天子秘书，位卑权重，是天子御前红人，多为朝廷官员兼任。

李白望着学士院进进出出为皇帝起草诏书的翰林学士，再看看自己这只能陪伴皇帝宴饮游乐的翰林供奉，终于在某一天，他忽然长吁一口气，打开不知道从哪摸来的酒壶，一仰头，把自己灌了个大醉，从此"天子呼来不上船，自称臣是酒中仙"。

李白终于明白了，他不过是皇帝眼里的一个玩伴而已，就如那些和他同处一室的杂耍艺人、乐人、道士……

据说，玄宗皇帝曾评价过李白非廊庙器也。意思是说他不堪大用，不适合在朝堂做事。也许玄宗皇帝曾真的想重用他，于是挑选了这个带有轻蔑性的无关紧要的头衔给他，想试一试他的心性；也许玄宗根本没有想过重用他，许诺的中书舍人官职，也只是玉真公主和贺知章美言时一时的头脑发热，毕竟李白名动天下，皇帝又想用李白的大名为这大唐盛世锦上添花，一时口无遮拦，并非不可能。

可李白是如此骄傲的人，翰林供奉又是如此不堪的位置，李白过了兴头，自然也就看清楚了，他不过是皇帝开心了想起来，忘记了也就忘记了的玩伴而已。

跟那些民间的杂耍艺人相比，在皇帝眼里，他和他们没有本质区别。

李白滚烫的心也就渐渐冷了下去，随着日子一天天消磨，他也越发消沉了下去。

从皇帝御前当红宠臣，皇帝亲手调羹，赐七宝床，美言他的品格，到王公大臣人人结交，随驾天子临幸温泉宫半路遇故人，扬言要在天子那里给朋友要个官，再到天子呼来不上船……也不过数月时间，但这些却早已如过眼云烟，仿佛从来没存在过。

在李白供奉翰林的大部分时光里，除却短暂的恩宠，无尽的枯燥与谄媚是他这段日子的主色调。

皇帝偶尔需要他来点缀一首夸耀帝王盛世或是皇帝与妃子绝美情爱的诗词，李白也只能硬着头皮提笔写就。

他奉玄宗皇帝的命，为皇帝心爱的女人写下几首《清平调》。

清平调·其一

云想衣裳花想容，春风拂槛露华浓。
若非群玉山头见，会向瑶台月下逢。

"云想衣裳花想容，春风拂槛露华浓"，皇帝身旁的女人不断吟诵着这句诗，爱这首诗爱得不行，找人谱了曲，玄宗皇帝也很满意这个翰林供奉的才情。

李白似乎离中书舍人就一步之遥了，然而一切也就到此为止了。

后来李白不断回忆这一段任翰林供奉的日子，对于自己无法获得官位的原因，他不厌其烦地猜测，又非常肯定地下了结论：他觉得是有奸臣嫉妒他的才情与荣宠，他猜测是那个叫张洎的驸马在皇帝面前说了他的坏话，他怀疑是那个叫高力士的宦官在天子面前算计了他，他甚至怀疑那个丰腴的美人儿可能也阻碍了他的仕途。

总之，有人在皇帝面前进了谗言，他又没办法随时去陈情辩解，于是皇帝召唤他的日子越来越少，他喝醉的日子也越来越多。

有好几次，皇帝与妃子游玩兴起，许是想起了这位谪仙人，派人去召他来为行乐写诗助兴。李白却喝得迷迷糊糊，宫人不得不架着他去往皇帝面前，将水泼洒在他脸颊，李白稍稍清醒了一些，挥笔提毫，诗句天成。

溢出天际的才华，他是有的。

但皇帝与宠妃眼里，不经意间流露出的厌烦，也是藏不住的。

喝醉了之后，他才觉得自己稍稍自由了一些，内心淤积的不快仿若大河之水天上来，——落在笔下。

回顾四周，与翰林北院的那些同僚关系也不融洽，他觉得自己"青蝇易相点，白雪难同调"。

哪怕是在江湖气极重的翰林北院，他也没法安心待下去，他的骄傲在他人眼里看来不过是廉价的自负，他看不起那些跟他一起待在翰林北院的人，别人自然也不会给他好脸色，四周飘来的眼神仿佛是众人不断在提醒李白，大家不过都是皇帝的玩伴，皆为下里巴人，你李白装什么阳春白雪。于是他只能絮絮叨叨写下诗句，倾诉心中烦闷，告诉世人，他在这里没有办法找到志同道合的人，连一个可以说话的人都没有，只有看书才能稍稍打发掉一点点郁闷的日子。

他心里很难受，他太孤独了。

面对满室的蝇营狗苟，他只能将满腹牢骚发泄，写下一句句怨意满满的诗句，说自己怀才不遇，诉自己被人妒忌，在那些虚无缥缈的诗句里把自己比喻为大才子东方朔，比喻为贺知章称呼他的谪仙人，甚至比喻为女人。

玉壶吟

烈士击玉壶，壮心惜暮年。
三杯拂剑舞秋月，忽然高咏涕泗涟。
凤凰初下紫泥诏，谒帝称觞登御筵。
揄扬九重万乘主，谑浪赤墀青琐贤。
朝天数换飞龙马，敕赐珊瑚白玉鞭。
世人不识东方朔，大隐金门是谪仙。
西施宜笑复宜颦，丑女效之徒累身。

君王虽爱蛾眉好,无奈宫中妒杀人!

有时候,皇帝在兴庆宫玩得开心,召他来写宫中行乐诗,为欢快的氛围增添一抹才情趣味,结果他瞪着眼睛阴阳怪气写下:宫中谁第一,飞燕在昭阳。

皇帝让他夸耀宠妃的美貌,他写:借问汉宫谁得似,可怜飞燕倚新妆。

把天子的心上人屡屡比作名声并不好的赵飞燕,皇帝不开心,妃子不开心,他李白,也不开心。

因为李白自始至终都觉得自己跟翰林北院的那些弄臣玩伴不一样,他是胸有千沟万壑的宰相之才,他要讽谏,他要和雄才大略的皇帝一道,成就太宗魏徵那般的佳话,赢得生前身后名。

可惜玄宗皇帝不是太宗皇帝,他也不是魏徵。

毕竟,贺知章拐弯抹角都没法向皇帝说明白的讽谏,无论如何也轮不到他李白来置喙。

年轻时候的玄宗皇帝确也能力超绝,然而那已经是多年前的事情了。皇帝老了,早已失去了开元盛世时的进取,皇帝只想享乐,甚至想把天下全权委托给李林甫。多年后另一位诗人形容此刻的玄宗皇帝是"春宵苦短日高起,从此君王不早朝"。

这样的帝王,哪能听得进臣子的规劝。那么,李白此时的以诗讽谏,便是不知好歹,便是不合时宜。

而他写就的那些讽刺诗句,则成了他离开长安的导火索。

皇帝已经无法忍受他的出格,谁也不愿意养着一个不听话的玩伴，不能带来快乐，反而带来苦恼；皇帝的近臣宠妃，也对他极为厌烦，高力士不喜欢，杨玉环不喜欢，李林甫张洎更不喜欢。

于是李白的离开，变得理所当然，他最后想要用辞呈来唤醒皇帝对他的承诺，倒成了压倒他这匹在求索路上踽踽独行的骆驼的最后一根稻草。

于是天宝三载暮春，李白上表辞行，玄宗皇帝没有挽留，赐金放还。

三　大道如青天

金子对于李白来说，从来就没有那么重要过。至少在他的诗词里，他对于身外之物一向豁达：天生我材必有用，千金散尽还复来。

对于朋友，他一向大方得令人目眩。甚至年轻时烟花三月下扬州，哪怕是面对陌生人，他也来者不拒，谁需要钱，就给谁：曩昔东游维扬，不逾一年，散金三十余万，有落魄公子，悉皆济之。

总之，他年少时并不缺钱，毕竟，他的父亲李客是个有钱的商人，李白便从小就见惯了金银玉石，以至于看见了天上的月亮，也比喻为"小时不识月，呼作白玉盘"。

若不是殷实之家，怕是连玉盘是什么都不知道。

这让他养成了与常人不同的金钱观。

在他眼里，朋友和知己，散尽千金也无妨，若是到了自己头上真缺了钱,那便再说罢了。反正他名满天下,到了哪里,都有人慕名前来,想要一睹谪仙风采。

由此,可以确知富足的童年生活,带给了李白衣食无忧的童年与少年,却也给他带来了永远跨不过的沟壑。

在唐代,商人子嗣,无法走科举之道。

关于他的商人父亲,蜀地传说,一个西域商人,来到蜀中,见李树而姓,客居他乡而名。如此说来,李白的姓氏,都来得非常随意,甚至他并非姓李。

还有人说他们家祖上曾因罪孽避祸西域,武则天女皇当政年间,因为西域兵祸潜回蜀地绵州昌隆县青莲乡,一个偏僻的小角落,李白的父亲李客选择的地方让人忍不住细思其中的隐秘瓜葛。

他到底姓不姓李,已经无从得知。不过关于李白姓名的由来,倒是众口一致。无非就是他的母亲生他时,梦见太白金星入腹,于是就有了李白的名字。

名字有了,钱也有了,身份却是始终无法跨越的鸿沟。

科举没办法走,总还有别的路可行,比如干谒高官权贵,获得举荐,那么也不失为一条捷径。所谓干谒,就是写诗文自我推销,希望获得对方的举荐。又或者,去边塞参军建立功业,也是一条路。

于是对于李白而言,干谒举荐这条路,是他能选择的最好的路。

李白大概在十几岁的时候就已经开始在这条路上摸索,他自小聪明,用他自己的话说就是"五岁诵六甲,十岁观百家",宛如神童。他还说自己"十五观奇书,作赋凌相如"。

司马相如那是蜀中大家,奠基了汉赋的宗师级人物,被誉为"赋圣",然而李白觉得自己比司马相如还要好。这话并不是他空口无凭随便说的,而是经过当时的名人苏颋亲口认证的。

苏颋是玄宗朝的宰相,做过李白心心念念的中书舍人。他的父亲苏瑰也是当朝高官,一对父子同时拜相,传为一时美谈。

苏颋小时候吃了很多苦,因为父亲不喜欢他,但他的才华,做父亲的却是知道的。皇上找苏颋的父亲要人才,苏瑰举贤不避亲,推荐了儿子苏颋。

苏颋当了宰相后,与当时的名相宋璟一起为政,在权力倾轧的中枢,竟获得了同僚宋璟的称赞。后来因为改革税法失利,被外放为益州大都督府长史,成了蜀中一把手。

二十岁的李白算好了苏颋必经之路,拿着自己的得意之作《大猎赋》前去投刺,干谒苏颋,希望获得苏颋的举荐。

彼时苏颋已是五十知天命之年,李白不过是刚刚二十弱冠的少年郎。苏颋看过李白的《大猎赋》,夸奖他少年英才,下笔有神,若是假以时日,多多学习精进,必然可与司马相如比肩。

少年天才,老成伯乐,似乎一切都将碰撞出耀眼夺目的火花,然而苏颋只是夸赞了他两句,便没了下文。李白以为是这位贵人多忘事,又试图去府中寻找苏颋,结果这次连苏颋的面都没见着。苏府的管事一听说李白是商人之子,立刻就换了脸色。

李白几乎是被赶出去的。

这一次大费周章的干谒,似乎成了李白前半生的人生缩写,此后的二十年间,他几乎都在围绕这一件事努力不懈。

干谒不成,他就去蜀中各处游历,去看司马相如的故地,去登蜀王当年建造的散花楼,写自己干谒失意的忧愁。

登锦城散花楼
日照锦城头,朝光散花楼。
金窗夹绣户,珠箔悬银钩。
飞梯绿云中,极目散我忧。
暮雨向三峡,春江绕双流。
今来一登望,如上九天游。

似乎少年郎的忧愁,只要登高望远,便能轻易散去。

不知道在散花楼上,李白是否会懊恼自己的商人之子身份,他后来极力在各种场合推销自己,都说自己是皇室后裔,是西凉皇帝李暠的后裔。而李暠是唐朝开国皇帝李渊亲自认定的皇室先祖。

也许正是蜀中这一次干谒受到侮辱,让李白从此打定主意,哪怕是模糊不清,哪怕是谁也说不清道不明的身份,他也要硬着头皮给自己编造一个。因为他需要这么一个身份的底色,否则在门第当行的眼下,他只会一次一次被人赶出门去。

其实哪怕是家世清白的那些人,走最正经的科举途径入仕,也要在考试前拿着自己的得意之作去干谒当世名人,因唐时考试不糊名,能否中得进士,成为官员的后备人选,除了有真才实干,还得靠考试前的运作。

与李白同年的诗人王维,便是靠着干谒玉真公主,获得了那年的状元,以此入仕。

你可以说不公平，但世道如此，无人能仅靠自己单薄的双手将这沉重的世道翻篇。

哪怕是纵横盛唐诗坛，几乎成就了这个文明最璀璨文字的李白，也不行。

李白不甘心，苏颋的路子走不通，那就换一条路！

难不成还吊死在一棵树上？

当时李邕正任渝州刺史，李邕乃当世碑文书法大家，行书碑文更是当世一绝，颇有信陵之风，一向爱才惜才养才，其父李善更是大名鼎鼎，是天下学子心中的当代圣师。

李善曾为当世的教科书《文选》注释详解，这书又是天下士子科举入仕的必学典籍。李善甚至把儿子李邕的注解也加入其中，李邕自此也成为学林巨擘。

对于两人的初次见面，传闻不多，只说李白将自己夸耀了一番，自比诸葛亮管仲，极力向李邕推销自己匡扶名主、兼济天下的雄心壮志，现在万事俱备，只差李邕这股东风了。

彼时李邕正埋头临摹碑帖，忽然听见身边小吏通报说有一位叫李白的人想拜访大人，于是他随便找了个借口，将李白打发了。后似又觉得不妥，毕竟是有豪侠养客之风的李邕，便让上吏给李白送去了一点盘缠，看在他不辞辛苦来干谒的分上……

二十岁的李白刚刚得到前任宰相苏颋的赏识，尽管没有了下文，但苏颋的评价却像星星之火，跃入李白的心田，呈燎原之势，点燃了他内心入仕的冲天热火。

此情此景，此心此意，终究是徒劳。再次被拒的李白，也没了去

散花楼登高散心，让忧愁随着眺望的目光消散殆尽的兴致。

被看不起商人的管事赶出去，被当作前来讨要盘缠的门客冷眼相待，一个人需要碰壁多少次，才能练就一颗坚如磐石的心？

二十岁出头的李白已经颇有些狂放劲头。他望着管事手中的盘缠，没有出声，只是怀着一腔愤恨，忽然转身离去，胸中已有千言，只等毛尖触纸。于是在那一天，诗仙终于下凡，归于白衣少年之身。

日后的人们回忆起诗仙李白的第一首好诗，总是避不开他被李邕拒绝的这一天，总要说起那首耳熟能详的《上李邕》。

上李邕

大鹏一日同风起，扶摇直上九万里。

假令风歇时下来，犹能簸却沧溟水。

世人见我恒殊调，闻余大言皆冷笑。

宣父犹能畏后生，丈夫未可轻年少。

随着"扶摇直上九万里"的佳句随笔端浓墨流出，大唐的诗仙降临。

"丈夫未可轻年少"，大唐版莫欺少年穷的少年郎形象跃然纸上。

从此以后，对于求仕，李白一直念念不忘，以为终有出头之日，然而回望李白的命运，他所念想的豪情壮志，永无回响。

不过好在，个人不幸诗家幸，命运并未将李白所有的可能都无情褫夺。

毕竟，从此以后，那个狂傲不羁敢说"天子呼来不上船"，那个嘚瑟地到处嚷嚷"四明有狂客,呼我谪仙人",更多时候又低声下气写"生不用封万户侯,但愿一识韩荆州"到处求官的李白,那个一生矛盾、在求索与旷达间痛苦摇摆的李白,以诗仙的风范,降临在了中国古代最为繁盛的舞台之上,成为那颗最璀璨的星。

正如他的母亲生他时所做的那个梦,她红着脸告诉自己的商人丈夫:"我梦见长庚入怀。"

而他诗仙之名的开启,他才华的第一次显露,却来自于求索路上的碰壁与蔑视,以及他内心深处深深的委屈与痛苦。

四 树深时见鹿

回忆着从前的青葱岁月,李白的思绪飘飞到了千里之外的蜀中。马蹄一滑,这才将他重新拉回现实。

街巷都泡在了泥汤里,白马仰头望着东方鱼肚白,发出几声粗壮的喘气声。

几只春燕不知是被马鸣声惊着了,还是被飘飞的细雨淋着了,从街边的坊墙下疾飞而出,在雨里画了几个圈,消失在蒙蒙细雨之中。

街巷里赶路的人纷纷拿出早已备好的蓑衣斗笠,披戴在身上头上。

李白缩着头,肩膀挤着脑袋,只能盼着雨水快点儿停,他双腿夹紧胯下白马,催促着马儿加快步伐。一双燕子从李白的头顶飘忽而去,眨眼飞入寻常百姓家。

李白呆愣了一下，忽然单手放在唇边，发出"啾啾"的呼喊声，似是在召唤着消失不见的飞燕。

顺手而成的举止让李白也恍惚了一下，他的记忆瞬间随着燕子的羽翼，穿梭过时间的长空，跃入那年的大匡山。

他又随着记忆回到了曾经的日子。

那些年里，他被苏颋夸赞，然而没有下文；被李邕轻视，接二连三碰壁，这些，对于自尊心极强的李白来说无疑是莫大的折磨。

巴山夜雨，长夜无眠，那些不如意的片段总是在他眼前不断徘徊，提醒着他的失败与尊严扫地。

有时候实在是忍不了了，他就心一横，赋诗回击，带着少年的决绝。

发泄归发泄，李白明白，留给他任性的时间其实并不多，在同时代的伟大诗人行列，王维十几岁便科举有名。身家清白的考生可以靠时间去熬科举的名次，干谒举荐则全看运气。

李白在年轻时努力干谒，却都无果。

他想起苏颋对他的评价，若多加精进学习，则可比肩相如。

既然干谒不成，那大概是自己的才情还不够一鸣惊人，抑或是暂时的失意让他失去了进取的勇气。总之，李白大约在干谒苏颋与李邕前后这一段时间，拜在了蜀中一位名叫赵蕤的隐士门下。

每一个伟大的灵魂，都需要另外一个伟大灵魂的牵引。长安的鸟儿，让李白想起了这位亦师亦友的故人。

离开了干谒之途的李白没有选择回家，而是只身去往了家乡附近的大匡山。在那里，他看见一位隐士站在山林中，与数千鸟儿和鸣，他仿佛认得每一只鸟儿，还给它们起不同的名字，鸟儿绕着隐士盘旋，偶尔停在他伸出的掌心臂膀上。

李白定定地望着隐士与山林仿佛融为一体的身影，失意的眸子又燃起亮光，何必去执着于他人的评价，何须囿于别人的轻视。若仕途坎坷，那便做一个山野之人吧。

李白上前与隐士搭话，两三句交谈下来，竟是如此投机，从此结伴大匡山，数年不出。

传说这位名叫赵蕤的隐士是汉朝易学大家的后裔，赵蕤年轻时也跟李白一样，试图进入仕途，结果都不如愿，索性抛诸俗世，与妻子隐居大匡山，研习《长短经》。

这部被后世称为小《资治通鉴》的纵横术谋略典籍，从此成为李白心里入仕梦想的基石。

年少的时候，李白的父亲李客曾让李白念诵司马相如的汉赋，李白看完后心倾慕之。在文学上，父亲是他的启蒙之人；在赵蕤这里，整篇都是阴谋诡计的皇皇巨著成为李白兼济天下的启蒙之书，他梦想着像苏秦张仪辈，出将入相，平天下，成帝师。

李白也从赵蕤处学剑术，学养鸟。任侠豪气，自此成为李白的人生底色。

在李白的年少时光里，赵蕤应是他性格养成的一大引子，从此那个仗剑天涯、豪放不羁、任侠仗义、诗文霸绝、修身养道的李白，诞生在大匡山郁郁葱葱的山林之中。

从此在大匡山的通幽曲径里，二人总是相伴而行；在大匡山的溪流边，二人执剑相击；在密林外的月光下，二人踩着月光侃侃而谈，

那是一段美好的岁月。

赵蕤比李白大出四十多岁，他已经是个老人了。也许在闲适的相处中，看着年轻失意的李白，这位老人会想起曾经的自己。他知道了李白的苦闷根源，于是他谆谆教导，循循善诱，告诉他科举乃荒废年华之途，莫要执着。三十老明经，五十老进士。等考完了，人生早已蹉跎了。

至于李白到底能不能走科举的道路，老人心里应该明白无疑。他似乎在用一种非常委婉的方式，告知李白真正的人生应该怎样去度过。

可惜年轻的李白并不知赵蕤话里的深意，他只是觉得找到了良师益友，从此有了一个精神的避风港。不管外面的人如何看待他，轻视他，在这大匡山之中，始终有一位老人，愿意倾其所有，将一生的智慧和本事全部赋予他。

那应该是李白一生中最潇洒自如的时光，他不缺钱，不缺精神上的慰藉，学着他喜欢的纵横术，与欣赏爱护自己的年长师友朝夕相处，悠闲自得，除了心中偶尔泛起的一点忧愁涟漪，他过的的确是神仙日子。

大概也是在这失意的山中岁月里，居住在大明寺的李白，逐渐有了修道的觉悟。

那时的他将对官场的求索压抑在内心深处，一点也不敢去触碰，当地刺史闻知他与赵蕤养鸟千只，学经山中，亲自举荐他去科举考试，李白拒绝了。

他的理由是养机望高，不屈之迹。意思是他淡泊名利，不会委屈自己去蹚这一出浑水。但只有他自己明白，他是不能。

此刻的李白应该是有了一个身份的，不然刺史不会贸然举荐，只是科举要往上追溯数代族谱，从神龙年间潜入蜀地，连成都都不敢去的李家，怕是根本拿不出三世以上的谱牒，甚至会因此招来不必要的麻烦。

于是他只能以这种看似虚无缥缈的理由拒绝，留给世人一个世外高人的背影，独自在山中的月下叹息良久，一年一年蹉跎着一生中最美好的时光。

苦闷极了，不知该如何发泄的时候，他就在山中乱走，沿着山路走很远很远的路，去访幽寻道，去谈那些毫无根据的清谈，打发孤寂的时间，抚慰那一束看似死沉实则躁动的灵魂。

于是他写下一首访幽诗作，权且作为当时的心迹所望。

> 访戴天山道士不遇
> 犬吠水声中，桃花带露浓。
> 树深时见鹿，溪午不闻钟。
> 野竹分青霭，飞泉挂碧峰。
> 无人知所去，愁倚两三松。

不遇的是人？还是他心中一直念念不忘的那条求索的道路？我们不得而知。

只有愁倚着青松是他明明白白流诸笔端的，后世的人热爱"树深时见鹿"的悠然闲适，却往往忽略了他内心的孤愁与郁结。

可是又能怎么样呢？命运的大手覆在他年轻的脊背后，沉沉地按压了下去，让他只能低头在山林里寻找些许闲情逸趣，至于大鹏该去往的九天，那是他求而不得的奢望。

时间很快过去了三四年，李白就这样在大匡山的密林里，寻寻觅觅，浑浑噩噩，一直到他遇见那个他一生中最好的朋友——道士元丹丘。

五　行路难

元丹丘告诉李白，当世道教领袖司马承祯正游历江陵城，若想干谒这位历经四朝皇帝，现如今是玄宗皇帝尊崇的当世道教宗师，他元丹丘愿意为朋友引荐。

这个消息犹如一道闪电，劈开了李白心中弥漫许久的黑暗，心中那点星火，再次燃起熊熊烈火。

尽管，这里的一草一木都是那样美好，牵着家犬来山里游玩的人也很面善，他们都喜欢跟佩剑的李白闲扯家常，大明寺的僧人在溪流边洗着钵子，笑着告诉李白今天寺里的斋饭很好吃，让他赶紧去吃。

望着眼前熟悉的一切，李白心中万分不舍。可是这里千般好万般好，却无法压抑他累积了三四年之久的心火。

他无法说服自己像亦师亦友的赵蕤那般，放下尘世的功名利禄。他还年轻，他才二十出头，他真的不甘心。

于是，李白最后看了一眼大匡山的草木林溪，写下《别匡山》，离开了赵蕤，离开了那数千只鸟儿。

别匡山

> 晓峰如画碧参差，藤影摇风拂槛垂。
> 野径来多将犬伴，人间归晚带樵随。
> 望云客倚啼猿树，洗钵僧临失鹤池。
> 莫谓无心恋清境，已将书剑许明时。

于是，他深吸一口气，决绝地告别大明寺的僧人，告别亦师亦友的赵蕤，带着元丹丘的引荐信，离开了抚慰了他失意心灵的大匡山，去往外面的世界。

只是人无法预知自己的命运路途，顺遂或是多舛，都需要一步一步去走。彼时的李白觉得告别了当下，凭他的洋溢才华，蜀中不行，就去更广阔的天地，必能乘风破浪，直挂云帆济沧海。

那时的李白一定想不到，这一次出川，他再也没能回来。这一次的别离，也是他与那位名叫赵蕤的老人最后的诀别。

天宝元年，当李白正仰天大笑出门去，求索半生终于得到皇帝诏见，眼看就要登上金銮殿达成心愿时，远在蜀中大匡山的赵蕤，也结束了自己隐逸的一生。

心情舒畅、火急火燎赶往长安城的李白，并未得知那位曾和他月下闲谈、击剑相笑、告知他人生真谛的老人已随着大匡山微凉的山风飘逝。

从此之后，当年月下的一切，都成了永恒的绝唱。

赵蕤的离世，仿佛也在冥冥之中暗喻着李白此去长安的结果：他按捺不住的激动和对未来迫切的期盼，都将是一场镜中花、水中月。

最终在长安碰了一鼻子灰的李白，哪怕"金樽清酒斗十千，玉盘珍羞直万钱"，也"停杯投箸不能食，拔剑四顾心茫然"。于是他只能在午夜梦回时一次次叹息，一次次念叨着"大道如青天，我独不得出"。

最终，只能无奈地从长安城东的春明门打马而出。他腰缠百金，频频回首，长安城的城墙在视线里还未消失，就已经在盘算着何时再回来。

可若是真的一直赖在长安城，他又觉得面子上过不去，"羞逐长安社中儿，赤鸡白狗赌梨栗"。当个无所事事的翰林供奉他都心有不甘，何况是赖在长安当个百无聊赖的闲人。

他不得不走的原因有很多，玄宗皇帝赐金放还只是结果，实际上在此之前，在宫廷里，关于他的流言蜚语越传越离谱，甚至什么先太子李建成后裔避祸西域的谣言都开始慢慢苏醒。

这简直是在要他的命，李白断定这是嫉妒他才华和恩宠的奸佞小人从中作梗。他时常感觉嫉妒就像是放飞的野兽，在他的身前背后横冲直撞，伺机窥探，想要咬下他身上最肥美的那块膏腴。

李白知道，他只能离开了。他只是天性真纯，并非愚昧文人。在他的诗文里，他倾诉了自己察觉到的危机。

　　　　　行路难·其三
　　　有耳莫洗颍川水，有口莫食首阳蕨。
　　　含光混世贵无名，何用孤高比云月？
　　　吾观自古贤达人，功成不退皆殒身。
　　　子胥既弃吴江上，屈原终投湘水滨。
　　　陆机雄才岂自保？李斯税驾苦不早。
　　　华亭鹤唳讵可闻？上蔡苍鹰何足道？
　　　君不见吴中张翰称达生，秋风忽忆江东行。
　　　且乐生前一杯酒，何须身后千载名？

　　他引经据典，无不在表明自己的处境。他拔剑四顾，唯有心茫然，只能慨叹：
　　行路难！行路难！多歧路，今安在？
　　行路难，归去来！
　　他写到冤死的伍子胥，写到郁闷而投江的屈原，还有最后被杀的陆机与李斯，这些都是鼎鼎有名的才干之人，却冤死在历史的尘埃中。
　　除了离开，他别无他法。
　　出了长安城，悬挂在西边的夕阳照在李白颓丧的脊背上，在他的面前拉出一条长长的影子。城里的暮鼓已然敲响，乘着暮春时节的凉风，一下一下敲在李白沉郁的心头。
　　犹记得天宝元年李白刚入长安时，何其潇洒，再看此时此刻的落魄失意，何其糟心。一首《东武吟》，写尽了这一次长安行李白内心深处的万千心绪。

东武吟

好古笑流俗，素闻贤达风。
方希佐明主，长揖辞成功。
白日在高天，回光烛微躬。
恭承凤凰诏，欻起云萝中。
清切紫霄迥，优游丹禁通。
君王赐颜色，声价凌烟虹。
乘舆拥翠盖，扈从金城东。
宝马丽绝景，锦衣入新丰。
依岩望松雪，对酒鸣丝桐。
因学扬子云，献赋甘泉宫。
天书美片善，清芬播无穷。
归来入咸阳，谈笑皆王公。
一朝去金马，飘落成飞蓬。
宾客日疏散，玉樽亦已空。
才力犹可倚，不惭世上雄。
闲作东武吟，曲尽情未终。
书此谢知己，吾寻黄绮翁。

从御前红人，到人走茶凉，不过一朝一夕的事情。此刻再想起从前归来入咸阳，谈笑皆王公的场景，自然是不敢再奢望了。

为他送行的好友寥寥无几，他的两位道士好友与他一起进京，若是在长安，故人定能相送。

可惜，他的好友吴筠早已先他离开长安，云游四方去了。他的好友元丹丘也先他离了长安，说是去嵩山隐居了。

他们都是失意人，全都失去了本以为唾手可得的璀璨未来，徒留落日余晖里寂寥的背影。

他不知该以何种面目回到山东的家，他向来不是一个好丈夫，更不是一个好父亲，许久没有孩子们的消息，他也不知他们现下如何过活。想回家，却如鲠在喉。家的方向似乎是他失败人生的回旋轨迹，他觉得每靠近一步家的方向，失败的滋味就更上一层楼，压得他喘不过气来。

于是他低垂着头，信马由缰，走一步想一步。当长安城高大的城墙完全消失在背后时，他心里渐渐出现了一个明朗的目的地：东都洛阳。

他想回家之前再去碰一碰运气，也许，一切还有转圜的余地呢。

在李白下定决心的一瞬间，中国历史上最重要的一次文人会面即将发生，那位名叫杜甫的年轻诗人，正在洛阳静静地等待着。

洛阳东都一相遇，大唐诗坛双璧，两颗文脉长河里最耀眼的明珠，正在缓缓靠近。

第二章 少年游

一　且尽手中杯

天宝三载初夏，李白到达洛阳，结识杜甫。

在这之前，我们也许还需要稍稍注意到另外一件事情，这一年，天宝三年正式改为天宝三载。一字之差，隐藏着玄宗皇帝内心千丝万缕的帝王心思。

从积极进取的开元，到天降祥瑞的天宝，关于李唐王朝的命运，诡异地显现在了皇帝对于年号的选择上。

玄宗皇帝李隆基从唐隆政变诛杀韦后集团，到后续清理太平公主势力，再到二十多年里任用姚崇、宋璟、苏颋、张说、张九龄等一大批能臣贤相，励精图治开启开元盛世，玄宗皇帝的心境也逐渐产生了微妙的变化。

皇帝老了，他回首往事，看见开疆拓土，国泰民安，米粮天下足，觉得自己是冠绝古今的帝王。而不断老去的年龄，以及身边熟稔的兄弟先后离去，让他有了临近死亡的危机感。抓紧享受自己辛辛苦苦缔造的盛世，仿佛成了他苍老岁月里唯一的寄托。

后来，有官员声称得到尹喜故宅有宝物的神谕。尹喜是老子出关遇见的关口守官，让老子写下了名垂百代的《道德经》。李唐王朝以老子为祖，玄宗皇帝听闻天降祥瑞，自然不肯错过为盛世点缀的机会。于是顺势而为，改元天宝。

又过了一年，玄宗皇帝觉得自己功过尧舜，尧舜时纪年用载而不用年。于是，天宝三载正月，改"年"为"载"，以示功高。

这一年，大唐发生了很多事。

这一年的三月，也就大概是李白上表辞呈的时候，玄宗皇帝任命安禄山为范阳节度使，这为十一年后的安史之乱埋下了祸根。

玄宗皇帝喜爱安禄山，李林甫便摸着皇帝的心思变着花样夸赞安禄山的忠心勇武。

而之前不断警示玄宗皇帝的贤相张九龄已经病逝。写下过千古名句"海上生明月，天涯共此时"的一代名相，被玄宗皇帝认为人格气质能力天下无双的张九龄，也没能阻止安禄山步步为营的野心，更无法拨正玄宗皇帝逐渐昏聩的意志。

这一年，与李白同岁的王维，终于远离了他厌烦的长安官场，在距离长安城不远的山麓买下一处山野别墅。出身太原王氏的王维尽管也命途多舛，但相较于李白，他简直拿了一个大男主的剧本，十几岁及第，成为玉真公主座上宾，王侯贵族争相结识，一曲《郁轮袍》唱毕，已是名动京师第一人。

况且，他还有更厉害的画画的本领，诗文、音乐、绘画，甚至包括长相，王维几乎是全方位碾压同龄的李白。

王维这一切的唾手可得，在李白那里都成了穷尽一生的求而不得。

这一年，落第后的高适一直蛰居洛阳不远处的宋州，他也将与李白杜甫一起碰面，游于宋州一带。三年后他将写下名垂千古的送别名句：莫愁前路无知己，天下谁人不识君。

这一年，王昌龄正在江宁做官，那时他已写下传唱千古的"秦时明月汉时关，万里长征人未还"。

但是这一年，最重要的事情，无疑是李白的辞官，与杜甫的会面。

闻一多曾说，李白和杜甫的相遇，是一次被低估的会面，这一次相会堪比千年前孔子与老子的相遇。

他们见面的时候，已是天宝三载（744年）的初夏了。

至于他们见面的情景，史笔并未有清晰的记载，但根据两人的诗词唱和，大概能猜测一二。

应该是在东都洛阳的酒肆里，李白遇见了年轻的杜甫，那时李白已经四十多岁，杜甫则只有三十出头。就在前段时间，杜甫科举不第，或者说杜甫这一批科举的生员，全都落第了。

李白是出身不行，无法走科举的路。杜甫不一样，他出身名门望族，世居长安，祖上可追溯到三国时期的名臣杜预，到有唐一代，杜氏更是门楣光鲜，在当时就有"城南韦杜，去天尺五"之说，可见门第极高。整个杜氏出过数位宰相，唐初帮助唐太宗李世民策划了玄武门之变的杜如晦，便是这个家族最耀眼的星，其他高官显贵更是数不胜数。

而他的母亲出身清河崔氏，来自于大唐最重要的五姓七望：陇西李氏、赵郡李氏、博陵崔氏、清河崔氏、范阳卢氏、荥阳郑氏、太原王氏。这七个家族，可以说缔造了整个大唐的根基。

他母亲家族出的宰相比杜家还多。

然而，到了杜甫头上，什么也没有了。连参加个科举，都要被当权者阻碍。

玄宗皇帝宠信李林甫，李林甫心知玄宗皇帝想要盛世光环，便暗中让考官从中作梗，让所有的考生都落榜，美其名曰，值此盛世明君，人才早已被我皇察觉，哪有什么遗落在民间的才子啊，那是昏庸的君王才会有的事情，在玄宗皇帝的治理下，绝不可能有这样的事情发生。

一个人穷尽书海典山的苦熬，无非是想要在君王的金銮殿里讨得一处卑微的席位，却终究抵不过当权者一次揣摩圣意的阻拦。

失意的人很容易就能找到共同话题，他们都是胸怀天下的文人墨客，有的话甚至不用说，看一看彼此的诗文，便全懂了。

知己不需赘言，杯酒即是懂得。

对于李白，杜甫从来都充满了好奇与敬意，尤其是对李白的经历，他表现出极大的兴趣，在日后颠沛流离的漫长人生里，他曾经不止一次回忆着李白告诉他的那些仗剑天涯的经历。

多年以后，杜甫依然清晰记得当年和李白在酒肆里高论的场景。

后世人们翻遍二人的诗文，猜测他们相识于东都洛阳的可能性并不大，更大的可能是他们相识于山林之野。正如他们命运那般，如山野飞蓬，在繁华之外打着转。

不过有一点可以肯定，杜甫对李白的经历非常感兴趣，尤其是当李白讲起那些杜甫这辈子都不可能会去做的事情时。

李白大声地说着从前的游历，说他的发达，也说他的落魄，对于懂自己的人，无须隐瞒任何细节。因为你知道对方不会因此看轻你，而是更加惺惺相惜。

李白说他年轻的时候结交的都是天下的豪杰英雄，大家都直来直往。

长于首善之地长安的杜甫心向往之。

李白接着说江湖险恶，他佩剑而游，杀过人。杜甫听了惊愕，但也信。在他的诗文里，确实有杀人的描述。

> 赠从兄襄阳少府皓（节选）
> 结发未识事，所交尽豪雄。
> 却秦不受赏，击晋宁为功。
> 托身白刃里，杀人红尘中。
> 当朝揖高义，举世称英雄。

李白把自己年少时游历天下的经历一一告知，杜甫听得入迷，杀人、散金、喝酒、与豪杰相识，多么令人神往。

李白尤其喜欢讲在蜀中的年少时光，蜀中干谒，苏颋夸赞，回击李邕，还有大匡山里的那位老人和数千只鸟儿。

杜甫静静地聆听着，随着李白的话语神游八方，他好像已经进入了李白的那些回忆里。

他看见年轻的李白一别大匡山，与那位名叫赵蕤的隐士月下惜别；看见白衣少年腰缠万贯，带着对外面世界的殷切期望，奋步疾走。

李白登上峨眉山，望着蜀中的山月，一想到将要离开生活了二十多年的故土，汹涌而出的思绪瞬间化作了一片山河明月。

峨眉山月歌

峨眉山月半轮秋,影入平羌江水流。

夜发清溪向三峡,思君不见下渝州。

    从此,月亮也成了李白思乡之情的见证者,直到那句"举头望明月,低头思故乡"流淌笔端。从此,千百年后,李白心中的那轮明月,成为亿万游子思乡的共同记忆。

    听到李白诉说至此,坐在对面的杜甫喝完了杯中的酒,仿佛也跟着他的步伐,看见了李白诗里那轮峨眉山的明月。

    于是杜甫推杯置盏,又与李白喝下一杯酒。

    后世人似乎总以为杜甫是苦大仇深的老者,实际上年轻时候的杜甫,脾气躁动,快言快语,怕是到了情绪头上,李白也得拉一拉他。

    于是杜甫一杯接一杯,跟着李白的记忆,随着李白娓娓道来的从前,与眼前的诗仙一起出川蜀,入江陵,他看见意气风发的白衣少年蠢立江头独舟,仰望江河湖海,念诵着"山随平野尽,江入大荒流。月下飞天镜,云生结海楼。仍怜故乡水,万里送行舟"。

    很多年以后,杜甫依然记得李白说的这些从前的故事,他甚至还写过类似的诗句:星垂平野阔,月涌大江流。

    那时候的杜甫已经是个老人了,当他写下这句诗词时,一定是想起了当年在酒肆,坐在他对面侃侃而谈的李白。

    酒喝到最后,杜甫醉了,李白还未醉,他看着晃晃悠悠坐在对面的杜甫,说他后来在江陵遇见了道教宗师司马承祯。

彼时，李白拿出元丹丘的引荐信，老神仙笑着接过，结伴而行。

李白还说那位老神仙看见他就说他有仙风道骨，可与神游八极之表！

数朝帝王御前的红人，夸他李白仙风道骨，神仙之姿。回忆当年，李白依然掩盖不住满心的欢喜，说到兴处，举杯仰头，一仰而尽。

李白觉得此行不虚，他想着司马承祯应该可以在皇帝面前说上话，替他美言几句，可司马承祯转眼就消失在了人群中。李白怅然若失，良久才回过神来，这怕是又是一场苏颋式相遇。他们不吝啬于夸赞他，但并不会推他往上再走一步。

听到这里，杜甫已经醉倒了，李白还在滔滔不绝地诉说着。到最后，日头落下，夜色降临，酒也喝完了，手中的酒杯被握得温热。

李白看了眼发出微微鼾声的杜甫，忽然起身，踱步站在了酒肆的窗口，望着窗外的明月。忽然间一晃神，周围的一切斗转星移。恍惚间，不知是梦，抑或是醉了的幻觉，李白看见自己又站在了大匡山月下，又站在了峨眉山巅，又站在了江陵宽阔江面上孤零零飘荡的木船船头，他好像又回到了那些已经随风而逝的时光里，又化身为那个浑身上下都是冲劲的白衣少年郎。

二　昔人已乘黄鹤去

杜甫没听够，后半夜醒了，看见李白独站在酒肆旅店的窗前，月光照得李白的两鬓有丝丝斑白。

良辰美"月"，知己相逢，若是用来伤感就太浪费这眼前的美酒了。

喝吧，再满上一杯，还能倾诉衷肠，还能抚慰彼此失意的苦楚。

杜甫为他满杯，李白便仰头喝尽杯中酒。

后来呢？出川蜀，下三峡，至渝州，进江陵，后来呢？后来又去了哪里？

李白望着杜甫渴望的双眼，第一次发现有人对他的来历拥有如此强烈的好奇。他是豁达的人，若有人看重，他便掏出心肺去相待。

"我小时候特别崇拜司马相如，于是就去了他赋中所描述的云梦泽。"李白毫不避讳对于司马相如的尊崇。

自江陵而下，李白去了司马相如赋中描绘的八百里洞庭湖，登上岳阳楼，极目远眺，游玩良久。

李白忽然想起那位年轻时候的朋友吴指南。

他问杜甫，他是不是从来没有提起过这个人。

杜甫点点头。

李白长吁一声，忽然从记忆里将这位已经逝去的故友拉出，让他与面前的杜甫相识。

杜甫这才知道,原来李白出蜀,身边竟然还有一位同游的友人。

李白说他们是发小,自小就认识,一起去过很多地方,经常在大匡山一待就是很多天。但他几乎没有提起过这位名叫吴指南的朋友。

因为他很早就离世了,李白的心里从此也就放入了一个人,从不提起,但也从未忘记。

李白至今依然历历在目,他与吴指南同出蜀地,游历洞庭,共登黄鹤楼,眼见黄鹤楼上崔颢那首名闻天下的七律。

黄鹤楼

昔人已乘黄鹤去,此地空余黄鹤楼。
黄鹤一去不复返,白云千载空悠悠。
晴川历历汉阳树,芳草萋萋鹦鹉洲。
日暮乡关何处是?烟波江上使人愁。

这一年的李白所到之处,名流胜景,皆要吟诗作赋。偏偏在这天下名楼黄鹤楼里,李白伫立良久,终究是未下一笔。

前有崔颢七律,李白一生中唯一一次无从下笔,就在此刻。

与他一起的友人吴指南大概也会戏谑两句,不是比肩相如吗?为何不肯落笔?

与友人同游洞庭,这是李白一生中少有的轻松日子,既然老神仙司马承祯不愿举荐,既然已经出川,不如就先游玩一番。司马相如赋里的云梦泽也见到了,冠绝天下的七律《黄鹤楼》也领教了,高冠佩长剑,腰缠数万贯,身边还有发小友人,玩!

可是命运似乎一直在亦步亦趋地盯着他,似乎一直在想方设法让他历经苦难,将他内心最深处的悲恸勾勒而出。

吴指南死在了洞庭湖畔。

李白一时难以接受,抱着友人的尸身,号啕大哭。

很多年后,李白在干谒权贵的文章里写出了这段往事:又昔与蜀中友人吴指南同游于楚,指南死于洞庭之上,白禅服恸哭,若丧天伦。炎月伏尸,泣尽而继之以血。行路间者,悉皆伤心。猛虎前临,坚守不动。

用他自己的话说,哭得血都从眼中流了出来,猛虎到来也不愿意丢下故友逃命。

李白是做得出这样的事情来的,他向来以朋友为重,甚至重过自己。

年少时学过的《长短经》里那些负气仗义的纵横家,是他人生的导师,跟着赵蕤练过的剑术,锻造了他任侠的豪气。

英雄岂可负友去?猛虎下山不离弃。

对待心里认定的朋友,李白从来都是尽心尽力。

后来又过了几年,他又专门回到洞庭,改葬吴指南到精心挑选的墓地:"遂权殡于湖侧,便之金陵。数年来观,筋骨尚在。白雪泣持刃,躬申洗削。裹骨徒步,负之而趋。寝兴携持,无辍身手。遂丐贷营葬于鄂城之东。"

李白淡淡地回忆着当年葬友的细节,挖出尸身遗体,剔骨除肉,清洗干净,亲自背着遗骨,连睡觉都不愿意离身,找人借了钱,将朋友改葬别处。

千百年来,如此葬友手段,听得人头皮发麻。然而这在当时应是

一种时人所知的下葬方式。

有人传这是异族僻壤的习俗，是生命轮回的奥秘。总之，杜甫的脑海便出现了李白抱着那位吴指南虎前不离的景象，数年后又返回原地背着朋友的遗骨择地而葬的背影。

这样的朋友，原来这世间真的存在。如此重情重义的李白，成为他此后人生里不论身处何地，境况如何，都无法忘记的知己。

他出身名门望族，年少时也曾呼朋唤友，如今而立之年一事无成，朋友早已散尽，回首往事才发现从前所谓的友人，皆不过是因他出身门第而结交，除却身外物，尽是尔虞我诈。

然而家族再大，门第再高，结交的酒肉朋友再多，又能如何，除了干谒的时候能让人高看一眼，更多的时候，家族其实也帮不了多少忙。所谓的朋友也不过是随浮而来，随沉而去，不过杜甫没办法跟李白说这些话。

因为杜甫发着牢骚的家世无用论，酒肉权贵朋友无用论，在李白那里都是求之不得的奢望。

那时刚出蜀中的李白，正腰缠万贯，本应与友人一同下江南。现如今，面对故友新坟，他只能踽踽独行，一个人去江南的三月里，没有显赫的门第家世，那就花钱，没有因门第而来的朋友，那就用才情，用豪气，用灿烂的金子，去结交，去碰一碰运气，也许这一次，他的运气会比从前好那么一点呢？

也许这一次，他能遇见自己的伯乐呢？

于是李白辞去友人魂魄，辞去司马相如赋中的云梦大泽，一叶扁舟，去往烟花三月的江南。

三　烟花三月下江南

杜甫从来没有过这种朋友，李白可能是他认识的人里最符合他脾性的朋友。

毕竟，年轻时的杜甫不太像我们一直以为的那样：苦大仇深，忧国忧民，一脸褶子。

他也曾是鲜衣怒马的少年。

那时的他家境还未衰落，城南杜氏依然如日中天，杜甫携了万金，意气风发天下游，河南河北，山东越中，他都去过。李白说的那些景色，他也见过，他知道李白所说为何，便也懂得了李白的心境。

只因那时游历天下的杜甫亦是意气风发，与青年李白仗剑出游的心态不谋而合。

如果我们拿出杜甫描述自己年轻时候的诗文，我们会发现他与李白交好成为一生挚友的秘密，因为他那时就宛若另外一个李白。

杜甫曾经在自述一生的自传诗《壮游》中描述过自己当年的为人。

> 壮游（节选）
> 往昔十四五，出游翰墨场。
> 斯文崔魏徒，以我似班扬。
> 七龄思即壮，开口咏凤凰。
> 九龄书大字，有作成一囊。

> 性豪业嗜酒，嫉恶怀刚肠。
>
> 脱略小时辈，结交皆老苍。
>
> 饮酣视八极，俗物都茫茫。

在这首诗文里，他回忆了自己的一生，对于自己的少年时光依然记忆犹新。他说自己十几岁的时候，就已经在文林翰墨中有了名气。

恰巧，十四五岁的李白亦已经作赋凌相如，往来干谒达官显贵。

别人都夸赞他杜甫是班固扬雄那样文章造诣极高的人。

好巧，当年的苏颋也拿司马相如夸过李白。

他说自己是少年神童。

李白则自称五岁诵六甲，十岁观百家，活脱脱的神童。

他还说自己年轻时爱喝酒，疾恶如仇，刚直不阿。

这一点，李白亦是如此。

这是年轻时候的杜甫，大唐还在盛世之中，他还没有经历人生的苦痛，也就没有那么忧愁，他俨然还是鲜衣怒马的少年郎，爱酒，爱打抱不平，疾恶如仇，内心有着火一样的刚烈。

杜甫像是年轻时候李白的倒影，所以李白说的那些话，杜甫是信的，也是最能理解他的。

他们在很多方面是如此相像，在李白这些点滴的诉说中，杜甫看到了另外一个倒影般的自己，于是他大概也理解了为何那些大人们总是不愿意推荐李白。

李白很多时候干谒不成的原因，并非他才华不够，而是他一直没能理解宦海的基本逻辑，便是夹着尾巴做个不显山露水的能人，或者干脆成为耍着阴谋诡计的小人。

　　李白一直以为只要尽情地展露自己的才情与抱负，只要狠狠心低下头去夸耀权贵，便能获得举荐的机会。然而实际情况却是，更多的时候，他连权贵需要天才来吹捧的欲望都无法满足，而是喋喋不休地讲述着他那些或真或假的山野经历。

　　他似乎把大唐当作了千百年前那些纵横家横走天下的年代，于是他便成了最不合时宜的求官者。

　　更重要的是，别人也许根本就不信他说的那些事，那些人。

　　猛虎来了你都不跑，就为了一个朋友的尸身？

　　不信。

　　天子喊你你都不动，醉醺醺的还要天子面前的宠臣给你脱靴？

　　吹吧。

　　十步杀一人，千里不留行。事了拂身去，深藏功与名。

　　还杀人？还剑客？

　　你知道你在说什么吗？

　　你知道按大唐律法，你会被怎么样吗？

　　于是李白在自荐和对方无法理解的怪圈里，徘徊了一辈子，而此刻与杜甫相遇的李白，终于遇见了命运里唯一懂他的朋友。

　　于是连那些私密的情欲之事，李白也一股脑儿和盘托出。

　　酒逢知己千杯少，把酒言欢，知无不言，言无不谈。

　　他将自己在洞庭湖葬友的事情告知，又说他离开了洞庭湖，去了繁华如烟的江南。

　　在金陵城，他将自己在金陵城里的那些情欲写进诗文，悄悄拿出来给杜甫看：乌啼隐杨花，君醉留妾家。

他喝醉了，就留在女子的住处，外面的杨花深处，两只乌鸦在窝里欢叫。

暧昧至极，李白也不避讳告诉杜甫。

连在金陵城秦淮河畔为歌女所作的艳词小诗，他也拿出来，学着歌女的调子浅唱吟诵。

长干行二首·其一
妾发初覆额，折花门前剧。
郎骑竹马来，绕床弄青梅。
同居长干里，两小无嫌猜。
十四为君妇，羞颜未尝开。
低头向暗壁，千唤不一回。
十五始展眉，愿同尘与灰。
常存抱柱信，岂上望夫台。
十六君远行，瞿塘滟滪堆。
五月不可触，猿声天上哀。
门前迟行迹，一一生绿苔。
苔深不能扫，落叶秋风早。
八月蝴蝶黄，双飞西园草。
感此伤妾心，坐愁红颜老。
早晚下三巴，预将书报家。
相迎不道远，直至长风沙。

金陵待够了,他又去了扬州,金陵城里的朋友都来送别,好不热闹。他一向喜欢交朋友,片刻光阴,也有宾朋一片。

朋友相送,推杯换盏间,李白边喝酒边大笑,好不快活。

金陵酒肆留别

风吹柳花满店香,吴姬压酒劝客尝。

金陵子弟来相送,欲行不行各尽觞。

请君试问东流水,别意与之谁短长?

那是最快乐的日子,钱多,无事,还有朋友与美酒,夫复何求。

扬州游历完了,又去附近的姑苏与越中。年轻的李白一路走,一路看,二十五六岁的美好年华,烟花三月下江南,好不自在。

到处都是美景,到处都是莺歌燕舞,腰缠万贯的李白,在每一处酒家都能结识新的朋友,更多的公子王公慕名而来,都知道这江南来了一位花钱不眨眼,诗文冠绝秦淮河畔的诗人。

那人自称陇西李氏后人,若有落魄人前来拜会,美酒佳肴管够,临走亦有金钱相送。

若人生分四季,此时的李白正处灿烂繁华的暖春,没有了干谒的冷眼,只有无数的美酒与欢笑。若人生就停留在这里,停留在二十五六岁的光景,正如李白自己所说的那般:结发未识事,所交尽豪雄。

那这样的人生未尝不是一种幸运。

可惜,他豪放不羁的性子和那从不为金钱做打算的处世方式,很快让他花光了出蜀所带的盘缠，终于"一朝乌裘敝，百镒黄金空"。

用李白自己的话说，曩昔东游维扬，不逾一年，散金三十余万，有落魄公子，悉皆济之。

三十余万金自然不是金子，大抵是铜钱，约相当于现在的百来万。

自开元十二年（724年）算起，到开元十四年（726年），两年时间，李白便花光了出蜀所带的巨款。

花光了钱，结交的友人一个个仿佛从来没有存在过，曾经救济过的落魄公子也都不见，更糟糕的是，李白病倒了。

四　举头望明月

病来如山倒，绵绵不绝。

李白躺在扬州的旅舍里，孤苦无依，第一次感觉到人情的冷暖。他本是肝胆相照的性子，从未想过朋友间的算计与嫌贫爱富，当他第一次走到生活的绝境，才知道人心的叵测淡漠。

生病了的李白躺在旅店冰冷的榻上，独属于江南的霉味充斥在鼻腔里，让李白有些呼吸不畅，身体的不适与冷清逼仄的房间，让李白彻夜难眠。

人在脆弱的时候，总会想起心里最重视的那个人，此刻的李白想起了赵蕤，那个曾与他月下击剑，谈古论今，让他莫要执着于功名利禄的老人。

病中的李白哪怕是在思念友人,都依然在絮絮叨叨着内心最真实的欲望。

如果不是他写给赵蕤的这首遥寄思念的诗,也许千百年后的你我会以为李白这位白衣少年鲜衣怒马少年游,尽是欢畅与豪情。实际上,在无数个宴饮欢乐的背后,总是隐藏着一颗想要出仕的徘徊之心。

病中的李白想起了远在蜀中的老友,他将自己对老友的思念,以及一事无成的失意,化作句句绝望,寄向蜀地。

> 淮南卧病书怀寄蜀中赵徵君蕤
> 吴会一浮云,飘如远行客。
> 功业莫从就,岁光屡奔迫。
> 良图俄弃捐,衰疾乃绵剧。
> 古琴藏虚匣,长剑挂空壁。
> 楚冠怀钟仪,越吟比庄舄。
> 国门遥天外,乡路远山隔。
> 朝忆相如台,夜梦子云宅。
> 旅情初结缉,秋气方寂历。
> 风入松下清,露出草间白。
> 故人不可见,幽梦谁与适。
> 寄书西飞鸿,赠尔慰离析。

回想这几年的游历,时间过得真快,可出蜀时的雄心壮志却依然毫无着落,疾病一天比一天加重,他这把空挂在冰冷墙壁上的长剑,似乎已经在江南的绵绵细雨里,在无尽的霉味中生锈了。

他这个呼朋唤友的浮浪俊才,一夜之间成了生锈不堪的破铜废铁。

他把自己比作被俘虏了依然不愿褪去故国衣冠,不能忘记故国歌谣的庄舄。

李白应该是想起了故乡的那些歌谣民调,或者只是想起了久而不闻的浓郁川音。

乡音是始终萦绕在游子内心深处的一股暖流,不论何时都能给予游子无尽的抚慰,可如今拖着病体在这举目无亲的淮扬,李白除了思念友人再无他法。

他只能一遍遍回忆着蜀中的那些青葱年华,神思飘忽千里之外,将记忆中的那些地方再一一游历。但让他最念念不忘的,依然是:朝忆相如台,夜梦子云宅。

年少时尊崇的司马相如与扬雄,依然是他最奢望的人生。哪怕是病中思乡,他也无法躲开黯淡的前途对于他的煎熬,可是没有任何办法,他只有一杆笔,一腔热血,满腹才华。他已经无数次低头向人表明自己的心迹,甚至一遍遍剖露自己编纂的祖先家世,每一次将这些他自己都不信的家世渊源流诸笔端,对他都是一次沉重的折磨。

可还是没有人愿意青眼相看,举荐更是不敢奢望的梦中念想。

无奈啊,人生似乎已经从暖春瞬间进入了寂寥的深秋,属于他的炎夏,在他的病体前只闪烁了刹那,仿佛从来没有存在过。

他挣扎着起身,看着绵绵无绝的阴雨,望着孤寂冰凉的世间,叹息一声：故人不可见，幽梦谁与适。

　　虚弱的身体让他无法神思太久，逐渐昏睡过去。梦中，那数千只鸟儿又飞了出来，在他周身盘旋，托着他秋叶般的躯体，飘向大匡山的月下松间……

　　窗外，夜色悠然而至，雨也不知道什么时候停了，绵绵无尽的乌云散开，露出一块小小的晴朗，月亮渐渐升上来。

　　迷迷糊糊中，李白苏醒过来，一抬头，看见床前，一地的银光，仿若撒了一地的雪花银，又似落了一层初冬的霜雪。

　　夜风悠忽吹拂过挂着冷汗的脸颊，李白清醒了，神思清明，起身下床，踩着床前的月光，负手踱步窗前，抬头望见云层里若隐若现的明月。

　　清风徐徐，吹散了薄云，月亮缓缓地溜出了乌云的怀抱，将所有的皎洁落在李白的眸底。

　　李白忽然想起峨眉山的山月，跟此时此刻的月是如此相像。那时的他意气风发，潜心学习三两年，满腹治国经世的论调，正欲出蜀，最后一次游历峨眉山，便看见了这般皎洁明亮的月亮。

　　现如今，月依然是那时的月，人早已不是那时的人，心里的那些高论似乎也不太记得了。

　　唯有思乡之情，涌在心头。

　　明月如钩，照耀在李白颀长的身上，白衣如雪，月如银。家乡的一草一木，亲朋故友，兄弟双亲，纷沓而至，将他的思绪填得满满当当。

　　游历两载，一事无成，唯有关于过去的美好能稍稍慰藉一颗寂寥孤独的心灵。

他静静地仰望着窗外的明月,缓缓地吟诵出那首千古名诗。

静夜思
床前明月光,疑是地上霜。
举头望明月,低头思故乡。

此后,今晚的这几句看似随意而吟诵出的诗句,将成为亿万游子对于思乡情绪的寄托,将成为这片土地上关于思念最好的表达。

李白静静地望着头顶的明月,缭乱的心绪似乎随着吟诵的诗句而逐渐沉静下去。

功名利禄当真那般美好吗?眼前的月光不懂功名亦不明白利禄,它只是静静地照着所有人。李白感觉自己似乎也短暂地化为了月光,飞游天地间,所有的烦恼瞬间瓦解,唯剩下如水的夜晚和静怡的世间。

他几乎是自然而然地想到,也许闲适归乡才是人生的真谛,这不是老友赵蕤一次次告知和暗示自己的路途吗。

千百年来,多少强人大才,追逐一生功名,最后不过也消散在历史的月色中,唯有月亮永远挂在遥远的天际,静静地看着人间的一切挣扎与执着。

李白似乎终于有些理解了赵蕤的心境,理解了为何刺史举荐,他却依然不出仕的根源。

莼鲈之思,大丈夫应随性闲适于天地间,岂可被宦海沉浮所束缚。

李白懂了，他终于明白为何会有千百只鸟儿愿意在大匡山陪伴赵蕤了，因为那位老人已经放弃了人世的所有，将自己完全放进了山野之中，随风而起，在每一棵松下的清风之中，随飞翅而动，在每一只鸟儿的自由飞舞之中。

是的，人世间的很多事并不由己，所以执着只能是痛苦的根源，唯有放下，才能成为最自由的灵魂。

赵蕤在求而不得后，做到了不再执着。

李白也在这一刻试着与自己的执着和解，病中因不适而一直紧皱的眉头忽然舒展开来，心里也像这夜晚的明月，清风徐徐，淤积的不快刹那间烟消云散。

在这孤寂的病中客店里，若此刻无人再接济他，也许李白会明白人心的成色该是这样的残酷无情，也许他就会一叶扁舟，沿着长江溯洄，去往他思念的蜀中家乡，他可能就此成了一个现实的人，学会与人相处的分寸，学会与自己和解。

但李白的人生里似乎总有那么一个人，会在他陷入绝境时，会在他几乎要退缩时，忽然出现，以他意想不到的方式推他一把，让他往那个诗仙的位置再向前一步。

或者说，李白终究是不甘心这样带着一事无成的失意回去蜀中的，他内心的那团火从未灭过。生病与困苦只是暂时压抑了他的不羁，不管有没有那个推他一把的人出现，其实他都会往前一步，然后一步一步，走到自己命运既定的终点。

这一次，将李白心中暂时压抑的火苗重新点燃的人是孟少府。

当李白在扬州陷入困境，众人离去，再无酒肆送别的盛宴，唯有一位叫孟少府的朋友不离不弃。

对于这位孟少府，史载甚少，我们只知道他接济了李白，帮他找住的旅店，帮他找郎中看病，甚至……还帮李白介绍了他未来的妻子——故宰相许圉师之孙女。

于是，开元十五年（727年），二十七岁的李白告别扬州，前往安陆。在那里，将迎来他人生的新篇章。

第三章 温柔乡

一　梦里花落知多少

李白遇见杜甫的时候,他的第一任妻子许氏已经过世多年,留下一儿一女与李白相依为命。

但在开元十五年,二十七岁的李白病体初愈,病中的那些忧愁和烦恼被他迅速抛诸脑后,对于求仕的热情重新燃烧起来。

哪怕是千百年后,当人们回头去看诗仙的风采,都不得不感慨一句:他真的太想做官了。

可是做官又有什么错,在千百年的皇权时代,权力这张大网笼罩着神州的每一处角落,又借用科举的途径将一个人一生的价值钉死,这是唯一的路途,也是从上到下唯一承认的价值。

万般皆下品,唯有读书高,实际上是万般皆下品,唯有做官高。

因为除了做官,其他路径都是卑贱的代名词。

谁也无法苛责李白的执着,他不过是将自己的全部热情毫无保留地倾洒在了大唐这个现实的世界里罢了。

所以李白刚刚养好病,就立刻继续他的热情求仕之旅。

扬州是没办法待了,钱花光了都是小事,主要是这里没有前途和希望。

李白在扬州认识的朋友孟少府给了他一条路——去安州。

孟少府其人，若不是因为李白，可能早已泯灭在历史中。我们不知道他叫什么，只知道他是李白的朋友，而且李白曾经花费大量笔墨，给孟少府写过一封信。在那封信里，他戏谑地回应了孟少府对他蛰居安州不知进取的指责。

由此，孟少府之于李白，应该不是普通的朋友，否则不会因为李白在安州游山玩水而指责他不务正业。

我们一生中会认识很多朋友，说好听的话，是朋友间最简单的相处，而"忠言逆耳利于行"的言论，的确需要一些勇气才能开口。因为一开口，可能朋友就做不成了。

孟少府就是这样的朋友，他在李白病倒时没有像其他人一样离去，在李白初愈后又为他引荐了去往安州的路途。

甚至在一些传闻里，李白后来改葬吴指南的钱财，也是孟少府处借来的。

李白带着孟少府的推荐，带着孟少府赠予的路费，可能还有一些借来的钱财，沿着淮河而上。从扬州沿着淮河一直可以到安州，但李白选择了继续往北，将安州留在了身后。

因为继续往北的洛阳，有一位故人——孟浩然。

孟浩然世代书香门第，同在洞庭湖畔，孟少府当是孟浩然的族人。

不过是不是族人并不重要，重要的是李白与孟浩然的相会。

李白和孟浩然到底是何时认识的？传闻是李白刚到金陵扬州的时候。那时的李白还只是个二十出头不谙世事的愣头青，而孟浩然已经是近不惑之年、名满天下的"孟夫子"了。

可就是这位名满天下的孟夫子，却是李白离别淮扬时心里最想见的人。

他们是如此相像。

如果说杜甫是李白年轻时的倒影,那李白便是孟浩然年轻时的倒影。

在二十多岁的李白身上,孟浩然看到了曾经的自己:在十几岁的时候,孟浩然隐居学文学剑,李白亦是;在二十多岁时,孜孜不倦地到处干谒,给宰相张说干谒,写下过连玄宗皇帝都念念不忘的"气蒸云梦泽,波撼岳阳城",李白亦是;后来病中孟浩然思念友人,写下过"歌咏复何为,同心恨别离",李白亦是;甚至连得罪皇帝,李白都和孟浩然相似。

孟浩然才名远播,很年轻的时候就写下《春晓》这样名动天下的名诗。

春晓

春眠不觉晓,处处闻啼鸟。
夜来风雨声,花落知多少。

他早年和朋友一起隐居鹿门山,似是说好了一起不仕,后来朋友考上了进士,进入了仕途。他则固执地留在鹿门山继续隐居,写着一些田园诗,经常去村子里的朋友那里做客,也写下了颇有田园情趣的名篇。

过故人庄

故人具鸡黍,邀我至田家。

绿树村边合,青山郭外斜。

开轩面场圃,把酒话桑麻。

待到重阳日,还来就菊花。

其间也曾望着长安,盼着从前一起隐居的友人能带来一些好消息,若是能举荐他,那再好不过。可年复一年,只言片语也是没有的。最后他也坐不住了,可是又拉不下脸面,于是磨磨叽叽,不情不愿地给几位权贵写过几首诗,希望得到举荐,也都无果。

后来他终于出山,前往长安去考取功名,结果名落孙山。

可他毕竟是写出"波撼岳阳城"的孟夫子啊。

长安城举办诗人宴会,他应该是得了好友王维的路子,也去参加了。彼时的王维,早已是京城状元郎,达官座上宾。

宴席之上,才子满座。孟浩然愣是用自己天才般的才情脱颖而出,不论在座的诸位有多少才情,有多高的天赋,对不起,今天我孟浩然来了,你们都得往后看着。让你们看看,一个名落孙山的人,是如何有才华。

他的每一句吟诵,都引起宴会的高潮。

他似乎是在燃烧自己的所有才华,来嘲弄科举功名窄途的荒唐。

毕竟,不糊名,达官权贵、名门望族的那些小子,哪怕是没有才华,一身混账,也比他这个孟夫子要距离金榜更近。

后来连玄宗皇帝都惊动了,亲自接见他。玄宗皇帝有意提拔孟浩然，让他当场吟诵一首诗，孟浩然似乎是心情很不好，吟诵了一句：北阙休上书，南山归敝庐。不才明主弃，多病故人疏。

玄宗皇帝一听，皱眉，我何时弃过你这位孟夫子？于是斥退。

孟浩然就这样不明不白地离开了长安。

多年以后，李白也以同样不明不白的方式，离开了他心心念念的长安。

所以当李白在金陵或者扬州第一次见到孟浩然的时候，就知道这位比他大十多岁却已两鬓斑白的孟夫子，将是他李白心里认定的朋友。

因为这荒唐的现实，早已将他们塑造成了同病相怜的同路者。

所以从来傲气的李白才在诗文里毫不避讳地写下对孟浩然的热烈：吾爱孟夫子，风流天下闻。

而对于杜甫，由于年龄与游历的相差，则无从结识这位风流天下闻的孟夫子。

实际上，在李白杜甫相遇的天宝三载这一年，孟浩然早已过世。

对于孟浩然的风采，杜甫只能从李白这里获知。而讲起从前的这位故人，李白唯有深深的怀念。

李白依然记得，他在离开扬州后，无意中听闻孟浩然在洛阳，于是便改变了直去安州的计划，决定前往洛阳去见他刚认识的这位新朋友。

在去往洛阳的半途，他们就相遇了。这一次，他们相遇的地方在陈州，在这里，李白还遇见了他曾经干谒过的李邕。大概在七八年前，李白还在蜀中的时候，李邕当时正在渝州做刺史，那时的李白就专门去干谒过李邕。

没错,就是那个打发了李白一点盘缠的李邕。所不同的是,上次他连李邕的面都没见着就被打发了,而这次因为孟浩然的名望,他得以见到了李邕,不过这次的会面也未能让李白的热情投射进现实的仕途之中。

短暂的会面之后,孟浩然告别李白,前往长安去参加科举。那时候的孟浩然跟多年以后去往长安的李白一样,满心期待,怀着忐忑而又激动的热情,但是命运却早已注定,此去无果,且接下来的余生,都将为那次皇帝前的任性付出代价。

多年以后,李白再见到孟浩然,是送孟浩然去广陵,他们约在了黄鹤楼见面。

多年以前,李白刚出蜀中,来到黄鹤楼,看到崔颢那句:黄鹤一去不复返,白云千载空悠悠。感慨良久,孤傲了一辈子的诗仙第一次感觉到前有佳句,无从下笔。

而这一次,面对心中挂念的老友,临别之际,李白百感交集,那些萦绕在心头的诗句脱口而出,遂成千古名篇。

黄鹤楼送孟浩然之广陵
故人西辞黄鹤楼,烟花三月下扬州。
孤帆远影碧空尽,唯见长江天际流。

时间兜兜转转,仿佛转了一个圈,李白又回到了黄鹤楼,所不同的是,孟浩然走了,望着风流天下闻的孟夫子日渐佝偻的背影,李白大约不会想到，这一别，就是他最后一次看见孟浩然。

又过了几年，孟浩然就过世了。

李白写给孟浩然的诗里，似乎总是在夸奖孟浩然的脱俗出尘，他一直在赞颂和欣赏着孟浩然不仕的养高忘机之风采。

赠孟浩然
吾爱孟夫子，风流天下闻。
红颜弃轩冕，白首卧松云。
醉月频中圣，迷花不事君。
高山安可仰，徒此揖清芬。

他说他爱孟浩然，因为孟浩然风流倜傥，不爱做官，也不喜欢侍奉君王，只喜欢在山野之中获得自由的快乐，他说这样的孟浩然，是他尊崇和喜爱的孟浩然。

可是在孟浩然的心底，可能永远不会忘记当年第一次去长安时，落第的失意。高朋满座的宴会上，他独得满堂彩，连大唐的状元王维都要结识他，连大唐的皇帝都要亲自接见他……

只是后来的故事，像是忽然跌落在地的玉杯，碎得孟浩然再也无法直面自己内心最真实的自己。

于是他喝酒，游历，连别人举荐他，他也假装没看见，于是李白写下：吾爱孟夫子。

也许，李白并不是写给孟夫子，而是写给自己的；也许，在比自己长了十多岁的孟浩然身上，李白早已隐约预知了自己未来的命运；

也许，李白在心底同情着孟浩然的困境与无奈，他只是不愿意让朋友在命运的谷底自我欺骗。于是李白喝完酒，告诉那个失意的友人孟浩然：壮夫或未达，十步九太行。与君拂衣去，万里同翱翔。

若是这世间真的没有你我的路途，那我愿意步你的后尘，与你一同，粪臭王侯，同游这世间。

只是时间的残酷无常而又迅捷，李白看着孟浩然的背影消失不见，回身走下黄鹤楼，返回安州，他在回去的路上做了一个决定：去长安。

他要亲自去长安看看，到底是何种宦海魔窟，连孟夫子都没办法留下。他不服，他要替他的朋友再去闯荡一番！

二　愿为东南枝

但李白并未立刻起身去长安，相反，他因为新婚宴尔，反而在安州滞留多年，乃至于这段由许氏给予他的安稳岁月，成了他生命中为数不多的好日子。

李白也是在这段时间生下了一儿一女。

那时候李白还不到三十岁，等李白和杜甫在天宝三载（744年）相遇时，他的妻子许氏已经去世十多年，四十多岁的李白面对刚刚新婚宴尔的杜甫，准能想起他的第一任妻子许氏。

对于这位故宰相许圉师的孙女，李白的第一任妻子，他只留下了只言片语。

赠内

三百六十日，日日醉如泥。
虽为李白妇，何异太常妻。

原来他也知道自己日日醉酒，最难受的人是陪伴自己的妻子。

他在诗里将自己比作把妻子送入大牢的太常，他知道为他生下一儿一女的许氏在与他生活的那十年里是如何无奈和辛苦。

这是李白为数不多为自己的行为而感到羞愧的诗文，一生骄傲，只在干谒时才低眉顺目，但也时常低着低着就忽然又傲气起来，以至于干谒不成反倒会惹恼达官权贵的李白，在为妻子写诗时，充满了深深的愧疚。

对于这位许氏，留下的记载非常有限，人们只能从李白的诗句里猜测，她是名门之后，爷爷曾经是当朝宰相，后因家人犯事而罢相，但在安州，也是一等一的名门。

李白娶她的寓意不言而明。

他需要一个在官方那里说得过去的出身，毕竟，总不能一直跟人说自己是皇族后裔，说多了，别人也未必就信。在试图进入仕途这条路上，李白干谒多年未果，他花光了钱，什么也没捞到。

孟少府不过是个小县尉，能帮他看病葬友已经是极限了；元丹丘虽然出身官宦，可他早已托身道门；司马承祯、苏颋等只是夸赞他，李邕沉湎于碑文，仕途还在角逐之中；那时的孟浩然年纪比他还大，正准备去长安科举。

李白这才发现他手中的牌已经打完了,在追逐仕途的路途上,他这只大鹏几乎已经用尽了学到的所有技巧。

然而依旧一事无成。

于是他回头仔细看了看自己的周身,试图寻找出最后的机会,发现还有婚姻这块赌注可以押在桌上。

至于到底是谁介绍他入赘了许家,获得了故宰相孙女婿的身份,从散尽三十万金的困境步入衣食无忧的相门生活?

有人说是孟少府介绍,有人说是孟浩然,还有人说是元丹丘,以及元丹丘的师傅胡紫阳道人。

总之,不管是谁介绍,李白在将近三十岁的年纪,成了他人的丈夫,不久又从人父,但他或许从来就没有过于在意过自己丈夫和父亲的身份。

他最在意的始终是那条梦寐以求的仕途之路,他将所有的执拗都用在了那条出人头地的独木桥上,却始终无法得到正果,然后稀里糊涂就做了丈夫和父亲。

然而正如大多数忽然坠入温柔乡的人一样,成婚后的李白也过了几年安稳生活。他与妻子搬离许宅,在一处山野别墅中住下,一儿一女生活在眼前。李白时常喝醉,醉眼望着他面前的女人和孩子,他也有了家人,他也有了牵挂,他在安州一住就是十年。

在这十年里,许氏给了他颠沛流离的一生里最温柔的对待,以至于多年以后,李白想起许氏的柔情、儿女的乖巧,依然充满了愧疚。

他知道自己是一个不合格的丈夫和父亲。

可他无法停下自己躁动的脚步，更无法填补自年少时便勾勒出的千万条欲望的沟壑，他胸中有纵横术，他笔下有千古文，他觉得自己至少应该有一次机会，来证明他干谒他人时说过的那些话都不是睁眼说瞎话。

一个天才般的诗人，如何才能说服自己入赘他姓，然后就这样浑浑噩噩地度过自己的一生？

千百年来无人能替他想明白这个道理，李白自然也不能。

再后来，许氏过世了。

李白这才慌乱地察觉出生活的烦琐和照顾孩童的辛劳。他带着两个孩子搬离了安州，去往更加遥远的齐鲁大地，在那里，他遇到了两个女人，一个女人整天笑话他一事无成，一个女人是对他温柔以待的邻家女，他将她们都写进了自己的诗文中，加以嘲弄或是含情脉脉。

最看不起他的是刘氏，他说她是愚妇，然后恰逢玄宗诏见，他一扫刘氏的轻视，数落着她，仰天大笑出门去。

对于温柔以待的邻家女，他说：愿为东南枝，低举拂罗衣。

他是天才诗人，柔情蜜意也不在话下，只是不知道多年前的许氏，是否也是因此而愿意跟他风餐露宿山野之中的。

默默陪伴的许氏，轻蔑视人的刘氏，温柔的邻家女，他们本该在历史的长河里悄悄浮起，悄悄落幕，但却因为他的诗文而成为长河里一朵永不陨落的小浪花，或完美或不堪地永远停留在那里，将人生最生动的一刻凝固。

再后来，他还将娶最后一任妻子：武则天时代权臣宗楚客的孙女，只是刚被赐金放还的李白还无法预知他即将遇见的最后一任妻子。

他的一生似乎都在仕途投机的路上狂奔，但因此而成就的婚姻里，并非没有爱情。也许是年轻时候的奔波流离，求仕不进，让他无法顾及身边的人，但在最后一任妻子身上，已经年迈的李白倾注了较多的笔墨。

传闻李白最后一任妻子便是他与杜甫、高适相遇时所结识的，他们在宋地游历，李白在一处名为梁园的地方留下墨迹，引得宗氏流连忘返。

浪漫的传说里，有人要擦拭掉墙壁上的李白墨迹，宗氏千金买壁，一来二去，数年以后，二人便相识了。

更浪漫的传闻里，宗氏甚至是李白女扮男装的书童，陪伴着李白走过大半生，后来离他而去，又终于在他五十岁那年表露心迹。

传说不知真假，确切的是那时候的李白，已经快五十了。

知天命的李白在仕途上的心血终于被耗费得所剩无几，尽管他依然遇着了机会就会不管不顾地扑上去，但他终于白发苍苍，能稍稍懂得了人世间的珍贵便是当下。

他是伟大的浪漫主义诗人，于是他常常开玩笑似的，冒充宗氏的口吻，用妻子的视角对他自己写下缠绵悱恻的诗句：妾意逐君行，缠绵亦如之。妾似井底桃，开花向谁笑？君如天上月，不肯一回照。

浓情蜜意在戏谑间尽显，不像是干谒时迫不得已的手作，他写得轻松又诙谐。他模仿妻子的口吻，对那个叫李白的浑球诉说着无尽的情意。

有时候，他离家多日，接到宗氏的信，也会安慰她：虽不同辛苦，怆离各自居。江山虽道阻，意合不为殊。

他告诉妻子不论离开多久，他和她的心意都不会改变。

他年老了依然不放弃仕途的求取，常年漂泊无定，希望谋得一个机会，五十多岁漫游在金陵城，看到燕子南归，想起家中的妻子，他悲伤得几乎泪下。

秋浦感主人归燕寄内
霜凋楚关木，始知杀气严。
寥寥金天廓，婉婉绿红潜。
胡燕别主人，双双语前檐。
三飞四回顾，欲去复相瞻。
岂不恋华屋，终然谢珠帘。
我不及此鸟，远行岁已淹。
寄书道中叹，泪下不能缄。

他在年少时顾不上儿女情长，长年累月在外苦苦求索，甚至笔墨很少触及身边的女人，而在他年迈之时，他对于身边人的爱意才缓慢而又长久地涌现。这时候的他依然不舍仕途的执着，可看着那些缠绵悱恻的千里书信诗文，后世的人都明白，此时的李白已经老了，老得他已无法再仰望千万丈高远的理想高峰，俯身低头，原来最真挚的风景就在身边。

只是李白几乎用尽了一生的力气，才稍稍懂得了眼前人的珍贵。那时候许氏已经过世二十多年了，记忆中那道拉扯着一儿一女的身影，怕是年迈的李白也无法再清晰地记起。

后世的人们不会在意他在这四个女人之间的徘徊反复，人们只会说，李白娶了两个宰相的孙女，依然没能走通仕途这条路。他押上了自己的终身大事作为赌注，依然没有赌赢命运对他的薄情寡义。

李白择妻的目的如此明显，但嘲弄他手段心机的人们也许应该反复思考一个问题：当命运在一开始就扼住了一个天才的喉咙，他日后所做的一切挣扎，不过是为了挣脱那双手，获得与那些公子哥儿生下来就拥有的最普通，但他却永远无法获得的一个身份，一条晋升之道。

就像是在天宝三载的这场伟大相遇里，听到了李白的蜀中岁月，听完了他路途上的传奇经历，听罢了李白诉说着那些陪伴他的女人们。

此时此刻，哪怕是坐在李白对面正静静地聆听着这一切的杜甫，也无法指摘李白的用心。因为就在李白遇见杜甫的两年前，杜甫刚娶了大唐管农业和财政的副手的女儿。

然而，所有的门当户对都只是发端，在这条路上能走多远，看的是对人世关系的练达与通透。

杜甫穷尽一生，终于也曾明白了要低头，才有生存的机会。我们很难想象，杜甫骂过杨国忠和他的姐妹们的骄奢淫逸，却也曾为了一口俸禄不得不吹捧杨国忠和他的狐朋狗友。

而李白穷尽一生，依然无法领悟仕途的顺遂与否，与一个人的才华并没有多大的关联，重要的是人与人之间的相处之道，是否能人情练达，是否能豁出自己的良心或是其他诸如天真等高昂的代价。

李白一生天真，他自年少就学阴谋诡计充斥满篇的《长短经》，却只记住了那些侠客、谋士纵横捭阖的风光无限，从未注意到他们的风光建立在尔虞我诈的肮脏息壤之上。

成为故宰相上门女婿的李白，本以为可以获得一条光明磊落的进取之道，却不承想一切都无法如他想象那般进展。许家其实早已衰落，除了供给他无忧无虑的生活，再无其他多余的帮助。

当李白明白了其中的道理时，他便搬离了许家，与妻子生活在安州城外的山野之中。

那时的李白还未遇见他生命中的其他三位女人，但离开了许家庇护的李白，很快就遭遇了人生最危险的时刻之一。

相对于江湖路远，夜逢山贼绿林，李白还可抽剑直面，毕竟他自称剑术天下一绝，几个毛贼不在话下。而这一次的危险，是由他放荡不羁的性子一手缔造的困境：他在路上醉眼蒙眬，冲撞了安州长史李京之的座驾。

在唐代，贱避贵，李白为白身，又无功名在身，冲撞了州里的官员李长史，轻则抽鞭子，重则可私刑，怎么处罚，完全看人心情。

从不惧怕任何困境的李白，第一次深刻意识到了在这密不透风的宦海里，他不过是一艘毫无存在感的孤舟，随时会被滔天的巨浪碾成齑粉。

李白怀着忐忑不安的心情，写下了人生中第一篇自陈：《上安州李长史书》，渴求对方宽宥他无意中冲撞座驾的罪责。

他多次在诗文里自喻为汉淮阴侯韩信，然而现在有一个危机可能让他真的受到韩信当年所受到的屈辱时，李白也许在内心深处，真的有些惧怕。

毕竟，冲撞座驾是他醉时所为，现在，他清醒了，才明白事态对自己极为不利。

从前是为了仕途不得不低头干谒，诗文里还能写得恃才傲物。现在人为刀俎我为鱼肉，他除了伏低做小，战战兢兢解释自己的罪孽，乞求对方的原谅，别无他法。

三 太白斗酒诗百篇

入赘故宰相家，做了上门女婿，李白过了几年老婆孩子热炕头的安稳日子。

但很快，他就惹了祸，起因是喝酒。

酒之于李白，如同日月之于昊天，是李白生命的底色，亦是他人生的注解。

李白一生诗文盛名因酒而成，但他的人生也因酒而败。

多年以后，对于这次初会，杜甫首先想起的，依然是千杯不醉的李白，依然是斗酒诗百篇的诗仙。

酒，似乎是盛唐诗人那些千古名句绕不过去的泉眼。

杜甫年轻时爱酒，那时他鲜衣怒马，喝酒都是侠骨柔情，曾言"性豪业嗜酒，嫉恶怀刚肠"。

不如意了，更要喝酒：无边落木萧萧下，不尽长江滚滚来，万里悲秋常作客，百年多病独登台。艰难苦恨繁霜鬓，潦倒新停浊酒杯。

哪怕是生病了,也要喝酒:重阳独酌杯中酒,抱病起登江上台。

没钱了,还要喝酒:酒债寻常行处有,人生七十古来稀。

心情好了,更要喝酒:白日放歌须纵酒,青春作伴好还乡。

至于多年以后回忆起此时此刻与李白的相会,那更是要喝酒:白也诗无敌,飘然思不群。何时一樽酒,重与细论文。

杜甫喜欢那些喝酒的人,他甚至为那些沉湎酒香中的人们写下歌颂的诗文。

饮中八仙歌

知章骑马似乘船,眼花落井水底眠。

汝阳三斗始朝天,道逢麹车口流涎,恨不移封向酒泉。

左相日兴费万钱,饮如长鲸吸百川,衔杯乐圣称避贤。

宗之潇洒美少年,举觞白眼望青天,皎如玉树临风前。

苏晋长斋绣佛前,醉中往往爱逃禅。

李白一斗诗百篇,长安市上酒家眠,天子呼来不上船,自称臣是酒中仙。

张旭三杯草圣传,脱帽露顶王公前,挥毫落纸如云烟。

焦遂五斗方卓然,高谈雄辩惊四筵。

在杜甫的《饮中八仙歌》里,贺知章喝醉了骑马像乘船,有人要喝了酒才肯去见天子,宰相李适之喝酒像鲸鱼,只要能喝酒,宰相都可以不做。崔宗之喝完酒如玉树临风,佛门弟子苏晋更是为了喝酒把戒律全丢掉,张旭、焦遂喝完酒才能发挥自己的才能,至于李白,那是酒仙,人间的天子岂能喊得动他?

所有丢失的尊严,所有干渴的困苦,都在酒里获得了解脱与和解。

所以杜甫爱酒,所以李白离不开酒。

因为那是他们在这艰难的人世间踽踽独行时,唯一能自我满足的寄托。

也只有在喝了酒之后,他们才会成为真正的自己,而不是那个被世俗,被世人,甚至是被自我所规范、所逼迫的自己。

这首《饮中八仙歌》虽是杜甫所作,但一定有李白的描述在其中。天宝三载李白杜甫相遇,后几年,杜甫写下了这首关于酒仙的赞颂,那正是李白在长安最后一点快乐的日子。

得不到玄宗皇帝许诺的中书舍人,又被谗言佞语所困扰,李白心中烦闷苦痛,好在还有贺知章,还有那些不曾留下姓名的友人,还有酒,或失意,或因为其他种种的困苦,相聚在一起,没有多少言语,唯有喝不完的甘酿。

长安城里短暂的时光其实没有多少可以讲述,无非是给皇帝写了一些诗文,赞颂他心心念念想要所有人跟着一起赞颂的盛世。至于长安城繁华之外的凋敝,至于边塞的蠢蠢欲动,至于"朱门酒肉臭"之外的"路有冻死骨",那不是皇帝心目中的盛世,所以他看不见,所以他需要李白为他的盛世写诗,赞美,点缀。

除此之外,就是日复一日苦闷地等待皇帝偶尔的诏见,以及喋喋不休不知道从哪里冒出来的流言蜚语。

只有喝酒的时候,李白才感觉到点滴的真实与快乐。

于是他不厌其烦地告诉相遇的杜甫,他是如何在长安喝得酩酊大醉，因为这是他在长安为数不多的快乐。

然而，在这些酩酊大醉的日子里，他真的很快乐吗？

也许连李白自己都不知道自己究竟是否快乐，他只知道，没有酒的日子，清醒的每一刻都是一种折磨，只有举杯痛饮，才能稍稍从这密不透风的尘世暂时抽离。

所以李白一生爱喝酒。

在安州新婚宴尔的日子里，十年滞留，除了偶尔出去游玩，去过一次长安，他几乎不问世事，他看着妻子儿女：三百六十日，日日醉如泥。

回忆与贺知章的情谊，他第一个想到的还是天宝元年在长安酒肆一起喝过的酒：昔好杯中物，今为松下尘。金龟换酒处，却忆泪沾巾。

出门去玩，更是要喝酒：且就洞庭赊月色，将船买酒白云边。

朋友拜托他，说你为我写首诗吧，于是李白举起酒杯：青天有月来几时？我今停杯一问之。今人不见古时月，今月曾经照古人。古人今人若流水，共看明月皆如此。唯愿当歌对酒时，月光长照金樽里。

金陵散尽三十万金，除了接济他人，大多数都用在了喝酒上：风吹柳花满店香，吴姬压酒劝客尝。金陵子弟来相送，欲行不行各尽觞。

送别宴会，喝不尽的酒，说不完的话。李白热爱这世间一切的热闹和潇洒，哪怕要用不久后孤苦困顿在扬州，连看病的钱都没有来换取。

他是只过今天的人，明天毕竟还未来到，到了，再忧愁吧。

与朋友一起更是要喝酒，什么"五花马，千金裘，呼儿将出换美酒"！你看看这世间，"古来圣贤皆寂寞，唯有饮者留其名"。喝吧！只有当李白举杯的时候，他才是李白。

大唐有没有他李白不重要，大唐只要有美酒，那他李白就愿意为这大唐书写下属于他自己的骄傲和繁盛。

快乐要喝，离别要喝，困顿要喝，得意更要喝，酒是他最后的傲气，所以在长安翰林院失意时，他日日买醉，写下千古名句：花间一壶酒，独酌无相亲。举杯邀明月，对影成三人。

酒后翻涌的情绪与心里无法排遣的苦闷，成就了李白的伟大，这种伟大穿越数百年的光阴，在很多年以后，有一位叫苏轼的人，甚至写下了同样的诗词。

在长安最后的日子里，他已经预料到了此行的失败，明枪暗箭，或者再加上他不会做人，仕途大概是没有了。

他干脆不再遮遮掩掩自己的失意，将在长安城里受到的不公和委屈全部倾泻进酒水里。不知道谁在皇帝面前说了他的坏话，那就不猜了，反正也猜不到，反正皇帝已经在疏远他了，反正他想要的真正的官职也得不到，那就把一切都交给酒吧。

月下独酌·其二

天若不爱酒，酒星不在天。
地若不爱酒，地应无酒泉。
天地既爱酒，爱酒不愧天。
已闻清比圣，复道浊如贤。

贤圣既已饮，何必求神仙。

三杯通大道，一斗合自然。

但得酒中趣，勿为醒者传。

大道如青天，我独不得出。没有路，长安容不下他，这高深宫墙里的达官贵人容不下他，那就不陪着他们点缀这糟糕的盛世了。

喝酒吧，没有什么比喝酒更能让人欢畅淋漓。酒，成了李白人生里唯一的出路。

酒，也成了他人生失意的根源。很难分得清，到底是因为失意才因酒误事，以至于坠入万劫不复，不得不离开长安，还是因为酒，才促成了那些失意一个接一个。

也许两者都有吧。

在长安，皇帝的诏见随时会来，但又可能很久不会出现。李白日复一日，等得不耐烦了，于是喝醉了，偏偏皇帝的诏见就来了。

醉醺醺的诗人让皇帝难堪，玄宗皇帝谓之："不堪大用，非廊庙器。"

李白因为喝酒得罪了玄宗皇帝，再加上其他诸多因素，不得不离开了长安。

但是远在得罪玄宗皇帝之前，李白也曾因喝酒得罪过另外一位权贵。那一次是在安州，李白因为喝酒，得罪了安州长史李京之。

四　若浮云而无依

事情的经过很简单，李白喝醉了酒，醉眼蒙眬，错把李京之的座驾当作了朋友魏洽，策马扬鞭上前冲撞，但李京之并未当场发作，可能是碍于许家的脸面，也可能是因为安州马都督一向欣赏李白，又或者因为李白的那些朋友，孟少府、孟浩然、元丹丘、元丹丘的师傅胡紫阳，还有曾经夸耀过李白的司马承祯。

李白毕竟是有声名在外，李京之可能正是顾虑此中因素，才没有当场发作。

在唐朝，贱避贵，冲撞了权贵，重则会被私刑伺候，轻则也要鞭笞，全看对方心情。

李白是白身，虽然他自称皇族后裔，甚至比玄宗皇帝辈分还高，但细细追究起来，别人不可能不知道他是商人之子。

他刻意隐藏的身份，在有心人那里藏不了多少。

酒醒后的李白惊出一身冷汗，急急忙忙写了一篇《上安州李长史书》，在这篇文章里，李白不得不极尽卑躬屈膝：昨遇故人，饮以狂药。一酌一笑，陶然乐酣。因河朔之清觞，饫中山之醇酎。属早日初眩，晨霜未收。乏离朱之明，昧王戎之视。

他小心翼翼地解释着为何冲撞对方座驾，说自己喝多了，认错了人，希望长史原谅，乞求对方不要训责他，甚至还用一夜时间写了好

几首关于对方的诗,只希望对方原谅他。

骄傲的李白,也不得不低下头。

而长史,甚至算不上一个正儿八经的官儿。

李白在害怕什么?

他是天子呼来不上船的酒中诗仙,为何此刻却如此卑躬屈膝?

因为他知道天子不会过分为难他这样的诗人,天子需要他来装点门面,如果不能装点,就大大方方一脚踢开。可这些地方官吏不一样,山高皇帝远,打你一顿,侮辱你一顿,让你从此在世间行走永远背上不堪的名声,对他们来说只是一件看心情的事情。

而不堪的名声,几乎就是仕途的拦路虎。李白惧怕的是被屈折的骄傲,彻底断绝他求索仕途的举荐之路。

所以他卑躬屈膝,如此不堪,所以他褪下了诗仙的青衫,将卑贱的麻布披在身上,膝行在官吏的蔑视中,维护着自己最重视的未来。

在李白开元年间冲撞李长史后,又过了七八十年。传说有一位叫贾岛的诗人,冲撞了韩愈的座驾。

左右拥着贾岛到韩愈面前,贾岛说他在琢磨一句诗词用哪个字好。

僧推月下门,还是僧敲月下门?

韩愈说敲字好,两人遂成冲撞之交。

贾岛遇见了韩愈,何其幸运。

李白遇见的却是李京之,没有佳话流传,也没有成为冲撞之交,对于李白的道歉,对方没有留下只言片语,我们只能合理猜测,对方的确也没训责李白,可能是看在他人的面子上,但对方确实,也未曾正眼瞧上李白卑躬屈膝的歉意。

也许就是因为这一次无言的侮辱，李白在许家的日子变得艰辛起来，他搬离了许家，住在安州的山里。

孟少府不远千里来信，质问他为何躺在山里，他从前的那些高远的雄心呢？

李白看完孟少府的质问，以寿山的名义，给孟少府回了信，诉说着他兼济天下的大志，也诉说着独善其身的无奈，最终也只能以戏谑的口吻邀请朋友来跟他一起高卧山野之中。

然而高卧山野，自以为潇洒的李白也明白这不过是权宜之计。

他高卧山野纯属无奈之举，远在金陵淮扬的孟少府无法得知李白安州生活里的一切琐碎，他可能都不知道李白得罪了李长史。

因此，当李长史终于高升，离开安州，新任裴长史到任，李白立刻就跑下山，又热情洋溢地开始他的干谒活动。

裴长史前前后后见了他不下七八次，然而就是不肯举荐他，更混不来一官半职。李白听说是前任李长史临走交接的时候，跟裴长史说了些什么，又不知道从哪里听闻，有不少人在裴长史那里念叨着一些不好的话，念叨的对象全是他李白。

李白急了，他感觉自己终于摸到了不被重视的命脉，万分着急地给自己开了一味药方。

从前干谒他写诗，写赋，写得天花乱坠，自比大鹏，吹嘘对方为稀有鸟，在诗文里毫不掩饰地展示自己溢出的才华，然而没用。

对方最多夸夸他，要不就是假装没看见。

这次，李白准备自陈，面对可能存在的流言蜚语，自陈是最好的干谒。仿佛是上一次的《上安州李长史书》终于让他免罪，于是他借着上次的余温，又写了篇《上安州裴长史书》。

在这篇文章里，他说自己家世渊源在金陵城，世代为官，只是近代才因为种种原因没做官：白本家金陵，世为右姓。遭沮渠蒙逊难，奔流咸秦，因官寓家。

他说自己如何聪明：五岁诵六甲，十岁观百家。轩辕以来，颇得闻矣。常横经籍书，制作不倦，迄于今三十春矣。

他说自己如何轻财好施，散尽千金：曩昔东游维扬，不逾一年，散金三十余万，有落魄公子，悉皆济之。此则是白之轻财好施也。

他又如何葬友重义：又昔与蜀中友人吴指南同游于楚，指南死于洞庭之上，白襢服恸哭，若丧天伦……此则是白存交重义也。

他又喋喋不休地将别人如何夸耀自己的那些话——写给对方看：又前礼部尚书苏公出为益州长史，因谓群寮曰："此子天才英丽，下笔不休，虽风力未成，且见专车之骨。若广之以学，可以相如比肩也。"前此郡督马公，一见尽礼，许为奇才。因谓长史李京之曰："诸人之文，犹山无烟霞，春无草树。李白之文，清雄奔放，名章俊语，络绎间起，光明洞澈，句句动人。"

甚至在最后，李白露骨地说苏、马二人只要不是傻子，就一定能看出他李白的才华和能力。

最后自然免不了再吹捧一番对方的高风亮节，不管真心与否，这都是李白在干谒这条路上应该付出的些许代价，哪怕他是那样骄傲的人，也要在这条独木桥上走出卑躬屈膝的步伐。他只能硬着头皮去夸耀对方：贵而且贤，鹰扬虎视，齿若编贝，肤如凝脂，昭昭乎若玉山上行，朗然映人也。而高义重诺，名飞天京，四方诸侯，闻风暗许。

至于他喝酒误事，冲撞座驾，李白则轻描淡写地用从前的贤人因为读书晚了犯了夜禁，被长官饶恕的典故搪塞了过去。

洋洋洒洒，李白写了一大堆，该有的吹捧都有了，该有的自夸都有了，先前的误会他也自陈了，甚至还说明了那些谣言都是假的。

结果依然没用。

这篇文章犹如石沉大海，没有激起一点点的涟漪，它唯一的作用是流传千年，让我们看到了那个求索路上的李白。

他如此地无所顾忌，又如此地顾虑重重。

在这些矛盾的字眼里，他当然感觉到了寄人篱下求人办事的无奈，在山居安州的十年里，这是他最重要的一篇文章，他将尊严和骄傲隐藏在文章的结尾处：若赫然作威，加以大怒，不许门下，遂之长途，白既膝行于前，再拜而去，西入秦海，一观国风，永辞君侯，黄鹄举矣。何王公大人之门，不可以弹长剑乎？

我说了这么多，你假如都看不上我，那我可就走了，西去长安，拜访王公，从此以后，高位对我李白还不是唾手可得，等我发达了，您就后悔去吧！

李白，终究还是那个李白。

洛阳酒肆里，当李白讲到这里的时候，杜甫笑得前仰后合，无论多少卑躬屈膝，都在最后的激扬文字里灰飞烟灭，干谒自然是没有门路了，裴长史不是李白的伯乐，他也没有那么宽广的胸襟。

李白可能并没有后世的人想象的那般恃才傲物，不会说话，情商低，管不住自己随时想要耍聪明的心。

也许这些明显恃才傲物的诗文,正是他故意所为,藏着李白的一点点小心思。他知道他这只大鹏非同小可,其翼若垂天之云,水击三千里,抟扶摇而上者九万里。

他何尝不是在用一种极端的方式,来验证对方是否当得起他李白的伯乐。

李白很像一个赌徒,他每次都在赌,赌对方理解他。

可惜这一次,他又赌输了。

不仅赌输了,而且连后路都切断了,既然对方不搭理他,那他就只好如他在最后所说的那样,西去长安,寻找自己唾手可得的高位。

然而不论是当时的李白,还是此刻正坐在李白对面,静静地聆听着这一切的杜甫,他们心里都知道,西边的长安,是一座吞噬梦想的城池。在那里,若没有高门深宅的护佑,一切不知天高地厚的雄心壮志,都将被碾得粉碎,一切不切实际的幻想,都将孤寂地幻灭在长安城数不清的街巷中,化为尘土。

开元十八年(730年),夏,三十岁的李白在写下《上安州裴长史书》之后不久,在许家的运作下,前往长安。一路颠簸,李白终于穿过了城东的春明门,站在了心心念念的长安城里。

望着人烟汹汹的长安城,李白大笑数声。他自信只要有机会,以他冲天的才情,一定能彻底征服这座大唐的帝都!

届时,他要让整座城的世人都知道,大唐的大鹏鸟,他李白,来长安了!

第四章 长安漂

一 秋坐金张馆

开元十八年（730年）的那段时间里，李白的人生底色就是等待。

在这年的夏天，李白在许家的运作下，得到了一个机会，面见当朝宰相张说。

当时许家虽已衰落，但瘦死的骆驼比马大，许家一门虽无拜相时风光无限，但京中各处还是有不少许家的人任着官职。李白大抵靠的就是这一层关系，才让张说屈尊降贵，愿意见一见李白。

张说一生历中宗、睿宗、武周、玄宗四朝，三度拜相，二度贬谪，一度流放，堪称四朝不倒翁。

他年轻的时候，在武则天朝的科举中拔得头筹，历经武周朝血雨腥风，能顶着武则天宠臣的诬蔑活下去。后来神龙政变，武则天宠臣张易之兄弟被杀，张说因此得到重用。再后来先天政变，他又站队李隆基，对抗太平公主，再度扶摇直上，成为玄宗朝开元年间的一代名相。

史书上说张说爱贤推贤，但也说他嫉恨别人的贤能而在皇帝面前诋毁他人；张说为官大部分时候都执掌着集贤院，号称执天下文章牛耳，与曾经夸奖李白可比肩司马相如的苏颋并称燕许大手笔，为文素养天下无双；张说还曾历经边塞战事，数次平定突厥叛乱。

正因如此文武双全，张说在玄宗皇帝面前一直能说得上话，哪怕是在张说晚年，被他人审讯出贪污钱财，玄宗皇帝派高力士去张说家探听情况，高力士看见张说披头散发坐在院落里，乞求开恩，玄宗便大度地放过了张说，且每每有军国大事，都要派人去询问张说的意见。

李白要干谒的，便是这样一位复杂的老人。

好巧不巧，李白到达长安城的时候，张说病了，由他的儿子张洎接见李白。

张洎，这个李白后来恨了一辈子的人，起初，竟是以举荐李白的身份出现在他面前的。

十年后的天宝年间，李白被玄宗皇帝赐金放还，当时的李白就怀疑，在玄宗皇帝面前诋毁自己的诬言蔑语里，应该有张洎的一份功劳。

张洎是张说的次子，与父亲素爱推贤举能的名声相比，张洎的内心深处存着一颗妒恨的种子，只要遇见了合适的才情，这颗种子便会迅速地生根发芽。

碍于父亲张说的名望，再加上许家的运作，张洎勉强接见了李白。

初见张洎，李白自然非常激动，张洎不单是三度拜相的张说之子，还是玄宗皇帝的女婿，当朝驸马爷。玄宗皇帝为了表示荣宠，甚至允许其大内置宅。

若是有这样的人举荐，李白觉得自己非常有把握能实现他前次对安州裴长史所说的那些话，他这只大鹏，就要借着驸马爷的这股东风，扶摇直上了！

然而张洎只是顾左右而言他，绕来绕去，最后眼见着没法收场，好歹给李白指了一条"明路"：去终南山，干谒玄宗皇帝的妹妹玉真公主。

玉真公主在有唐一朝有着两次高光表现，作为玄宗皇帝的妹妹，她与哥哥的关系似乎挺融洽。作为李唐的公主，在唐朝，她自然而然出家为道士，潇洒地活在世间，用公主的身份获得了无上的荣贵，又用道士的身份规避了世俗的束缚。

她第一次高光是将少年王维题为状元，第二次高光则是在十年后的天宝年间，举荐了李白。

不过在开元十八年，玉真公主对于李白还一无所知。

张垍觉得好歹指了条路，算是打发走了这位操着浓浓川音的乡下人。

李白大概并未明白张垍的真实意图，其时玉真公主可能并未在终南山，而是去了洛阳。对于接近权力中心的张垍来说，玉真公主到底在不在终南山修道，他比这长安城里的大多数人都清楚。

他从一开始就知道李白这趟终南山干谒之路是走不通的。

李白谢过张垍，又赶紧离了长安，还没有来得及好好品尝一番这长安城的葡萄美酒，还未看过夜光杯里的好看颜色，他就匆匆前往终南山。

凭着张垍的关系，李白好歹住进了终南山玉真公主的别馆。看守别馆的人告知李白，玉真公主已许久没来，至于去向何处，那不是他一个奴仆所能知晓的。

容不得李白过多疑虑，毕竟是张垍推荐他来的，他是张说之子，岂能诓骗他？身为当朝驸马，犯不着戏弄他李白。

李白幻想着，玉真公主可能就在这终南山的某一个角落云游，也许明日,也许三五天,便能归来。

当时距离长安不远的终南山,是一个隐逸的好去处,无数道士、失意的读书人,都在这里隐居。此处距离长安不远,刚好可以随时获取长安城里的那些消息,以备随时入仕;但也不近,刚好能表现隐居山野的高风亮节。

李白等啊等,从夏天到秋天,摸着怀里早已给玉真公主准备好的干谒诗,不知所措。

玉真仙人词
玉真之仙人,时往太华峰。
清晨鸣天鼓,飙欻腾双龙。
弄电不辍手,行云本无踪。
几时入少室,王母应相逢。

他在诗里极尽吹捧,将那位素未谋面的公主捧为仙女一样的人物。私下里更是不知道在脑海里排练了多少遍,如何面见公主,如何笑,如何开口。

李白应该是听说过多年前王维干谒玉真公主的往事的,来自河东的绝美少年,一朝在玉真公主的扶持下,凭着冲天的才情,冠绝长安城,夕登金銮殿。

那么,他李白又为何不可?

他自信比那位吃斋念佛的同龄人更具有冲天的才情,更符合玉真公主的喜好,毕竟,他可是懂修道的。

可公主就是不来，他想得越多，心里积攒的苦闷也就越多。

别馆的看守见李白孤寂无依，又不知道他是何人，只觉得眼前的读书人眼睛大而亮，嘴巴也大，爱喝酒，就是看上去总是心事重重，于是偶尔就安慰他，"秋天到了，公主就回来了"。

李白欣喜若狂，然而日子依旧漫长而又苦闷。日子一天天过去，记不得秋雨是哪一天来临，只知道一下就是连阴雨，好多天都没有放晴。

酒喝完了，别馆的吃食也不多了，阴雨连绵不绝，什么东西都送不上山来，李白感到莫大的忧虑。

他手里什么也没有，只有满腹的才华和满心的忧郁，他感觉张洎也许都忘记了他还在玉真公主的别馆里。

毕竟，人家是玄宗皇帝面前的红人，每天迎来送往，哪有那么多时间记起山野里还有一个叫李白的人。

他不得不拿出自己的才情，给张洎写诗，像是一条溺在终南山的阴雨里的鱼，大声呼救。从前他在安州山野之中隐居时，别人问他为何不出山去走仕途，他自比陶渊明对别人的疑惑笑而不答，不管心里藏着多少忧苦，至少表面优哉游哉。

山中问答
问余何意栖碧山，笑而不答心自闲。
桃花流水窅然去，别有天地非人间。

现在，他是心里苦，身体更苦。

他只能露骨地把自己所有的疑虑和忧愁全部倾倒出来，希望张洎

能多看他哪怕一眼,因为李白早已参透,玉真公主应该是不会来了,就算来,这雨,也会成为阻挡他与玉真公主见面的屏风。

他被连绵不绝的雨水浇了个透心凉。

> 玉真公主别馆苦雨赠卫尉张卿二首·其一
> 　　秋坐金张馆,繁阴昼不开。
> 　　空烟迷雨色,萧飒望中来。
> 　　翳翳昏垫苦,沉沉忧恨催。
> 　　清秋何以慰,白酒盈吾杯。
> 　　吟咏思管乐,此人已成灰。
> 　　独酌聊自勉,谁贵经纶才。
> 　　弹剑谢公子,无鱼良可哀。

他自比为没有人赏识的弹剑者冯谖,冯谖弹着一把破剑,唱着歌,抱怨没有鱼吃,孟尝君便赶紧给他送去鱼。

他的言外之意已经露骨到傻子都能明白的地步,但张洎并非孟尝君,他将李白扔到终南山的那一天起,就已经下定决心不再见这个安州来的乡下人了,有才又如何?条条大道的确通长安,人人都能来长安。然而能留在长安的,只有像张洎这样的权贵认可的人,才有机会。除此之外,哪里来的,就得回哪里去。纵然天纵奇才,又如何?

在乌纱帽面前,唯有卑躬屈膝。

李白或许会在诗文里吹捧他人,为了干谒而不惜肉麻遣词,但以他的性格,应该永远学不会当面阿谀奉承。

他留给我们的样子，永远是那副昂着头颅，嘚瑟得很的模样。

这样的李白，不会是张洎这样的人所喜欢的。历史记载的张洎权欲熏心，嫉贤妒能，李白这样的白身，张洎不会看得上眼。

李白自然也能感觉到张洎的轻视，但李白不得不低头，他也只能在诗里低头，因为情况越来越糟糕，连吃饭都成了问题，于是他写下：园家逢秋蔬，藜藿不满眼。蟏蛸结思幽，蟋蟀伤褊浅。厨灶无青烟，刀机生绿藓。

雨越下越大了，哪里也去不了，只有野菜，厨房也早没生过火。

李白的一生，从未如此刻窘迫过，哪怕是在淮扬病倒，身无分文，至少有孟少府照顾他，可此刻，他谁也指望不上了，连自己也指望不上了。

这些诗文写完就石沉大海，张洎看到没有？

不知道。

看到了大概也不会有什么回应。

李白终于明白了自己干谒的结果早已注定，多年以后，李白回忆起张洎，依旧恨得咬牙切齿。

他本是豁达不羁的人，却记恨了张洎一辈子，大概是那年在终南山的秋天，那些连绵不绝的阴雨日子里，他真的过得挺难的。

但在后世的一些传承里，张洎并非如此，反而对李白的忠言逆耳能听进去。

据说张洎和安禄山关系很好，李白却看出来安禄山怀有不臣之心，警告了和安禄山交好的张洎，说安禄山这座山靠不住。张洎赶紧就和安禄山划清了界线，靠山一词就此诞生。

美好的传闻，多半都是假的。

李白不是个看人极准的人，他连金陵那些接济的落魄公子都分不清谁义气谁轻薄，更何况看清三镇节度使安禄山。那时距离安史之乱还有足足二十五年之久，在安禄山反叛之前的朝廷里，没有人能预知安禄山的反心。

玄宗皇帝不能，张说不能，李林甫不能，张九龄因为过人的识人能力看出端倪，但玄宗皇帝不信，杨国忠因为不喜欢安禄山，在权力的争斗下自然而然能知道安禄山的野心，但玄宗皇帝依然不信。

所以李白，他也无法看穿历史的迷雾，直抵大唐轰然倒塌的命运。

更何况，张洎一直就跟安禄山关系很融洽。

后来安史之乱时，尽管张洎是玄宗皇帝的女婿，但在玄宗皇帝逃离长安后，张洎选择了留在长安城，接受了安禄山的官职，最后死于乱军之中。

花开两朵，各表一枝，对于张洎的命运那是多年以后的事情，对于当下的李白而言，他只能另辟蹊径，硬着头皮再回到长安城，寻找新的出路。

只是这一次，他差点死在长安城的乱拳之中。

二　终南山的雨

说起这场大雨，酒肆里的杜甫也心有戚戚焉。

李白忍不住问他可记得当年这场绵绵无尽的长雨。杜甫回忆良久，却发觉自己的记忆与李白的似乎稍有出入。

李白自称被困在终南山的那年，未满二十的杜甫正鲜衣怒马漫游天下。他似乎有印象那几年确实多雨，他印象最深的是李白被困终南山那年的三年后，整个关中大雨滂沱，以至于当年作物歉收，整个关中在玄宗皇帝自豪的开元盛世中陷入饥荒的困境。

李白早了三年，体验了一把饥饿的味道。好在雨终于停了，李白得以下山。

雨过天晴，李白的心情也跟着明亮了起来。他已经等不及了，哪怕天色已晚，他也要执意下山，与久阴终晴的月亮一起相伴山路，看见田野里的农家，看见天真烂漫的孩童，去了农家，举杯畅饮，怡然自得。

> 下终南山过斛斯山人宿置酒
> 暮从碧山下，山月随人归。
> 却顾所来径，苍苍横翠微。
> 相携及田家，童稚开荆扉。
> 绿竹入幽径，青萝拂行衣。

　　　　　欢言得所憩，美酒聊共挥。

　　　　　长歌吟松风，曲尽河星稀。

　　　　　我醉君复乐，陶然共忘机。

　　李白终其一生都是这样的人，他因为低贱而又无法言明的出身，因为在出人头地方面，唯有出仕一条狭窄之道的逼迫，因为他自小便已自我塑造的"申管晏之谈，谋帝王之术。奋其智能，愿为辅弼，使寰区大定，海县清一"的志向，他始终处于一种近乎病态的执着求索之中。又因为他天性豁达，内心单纯，拥有着近乎天真的孩童气，这两种相互交替在他生命里的情绪，将他本就矛盾的性格迅速放大，让他一生中大多数时间都处在放歌大笑抑或是悲愁忧郁之间。

　　离了困境，他就极致地嘚瑟。

　　陷入困境，他就万分地自怜。

　　李白是一个现代意义上极端自恋，又极端自负，同时极端自卑的人。种种矛盾汇聚于他一身，看似不可能又极为合理。

　　在当时的人看来，李白这样的人是出格的，给他安上了各种不利于仕途的名头，狂放不羁、恃才傲物、言过其实，甚至连玄宗皇帝也要再给他来一顶"非廊庙器"的帽子，更甚者还有传闻说皇帝说他一身穷酸气。

　　玄宗皇帝是个好大喜功的人，他不仅喜欢装点自己的盛世，还热爱一切美的东西或人。

　　当时的名相张九龄玉山般雅致，玄宗皇帝念叨了一辈子，听见谁说谁雅致风度好，玄宗皇帝总要多问一句比张九龄如何？

李白眼睛大，嘴巴大，尽管司马承祯说他仙风道骨，贺知章说他谪仙人，但李白始终和雅致是靠不上边的，他是诗仙，是狂客，是谪仙，是剑客，是酒鬼，但绝对不可能是世人眼里的正常人。

对于一个异类来说，冲天的才情就是他的罪孽。

所以谗言总是伴随着他，他一生都被困于糟糕的人世关系之中，始终无法自拔，更无法如他诗文里所写的那般超然物外。

就像他被困终南山一般，这是他人生所有诸般困境的一个缩影，现在，脱离了这个困境，他觉得自己又行了，又开始纵酒言欢。

随时将自己从悲苦的情绪里迅速抽离，可以说是李白对抗当世境况的一种本能，亦是他踽踽独行的人生里，为数不多可以迅速获得的慰藉。

回到长安，李白才知道，张说在这一年的晚些时候，病逝了。

按照当时规矩，双亲病逝，无论何种高位，都需回家丁忧三年。这三年，要吃、住、睡在父母的坟前，不能喝酒不能洗澡，只能穿着丧服，一切的娱乐活动都得暂停。

张洎的父亲去世了，自然是无法再为李白谋出路了。

不管张洎是否看不起李白，是否因为李白的才华而嫉妒他，将他故意打发到终南山苦等数月，对于终于突破雨幕，再次回到长安城的李白来说，他只能另谋出路。

张说亡故了，张洎要丁忧，哪怕不丁忧，人家也不会高看他李白两眼，许家的路子已经走不通了。

下山的喜悦没让他高兴几天，紧接着便是现实的问题迎面相撞。

长安城虽大，但却没有他可以走的路，其间他又去拜访了一些王

公贵族，都没有结果。眼看着在长安要混不下去了，干谒无门，总待在这里又能做什么呢？

这个时候，李白的一个叫陆调的朋友，刚好也在长安城，他给李白出了个主意，围城里没有机会，不如去围城外面找找路子。

毕竟，这长安城里非富即贵，李白一没有家世，二没有过硬的关系，再加上他不清不白的身世，他自称皇族后裔，人们听了也就听了，没人会去跟他深究，但若是举荐，则需要刨根问底，李白一会儿说自己家在金陵，一会儿说他祖籍陇西，可他又自小住在蜀中，父亲则是从西域归来。

如此说不清道不明的身份来历，必然隐藏着一些不为人知的秘密，达官显贵可以为了他的才华称赞几句，可没人愿意冒险去举荐一个身世都说不清楚的人，更何况在他人的心里还藏着嫉妒的火苗：我跟你非亲非故，为何要举荐你？就凭你有一身的才华？就凭你愿意为我写那么一两首吹捧的诗文？

李白没办法，只好在友人陆调的提醒下，去往长安城北边的邠州，因为陆调跟他说，那里的李粲是个乐于举荐人的贤人。

李白只得前行邠州，一路上秋风萧瑟，初冬的寒气已经萦绕在他的脚边，极目望去，都是忧愁，他看到一座楼，便抬着灌了铅般的腿脚走了上去。

登新平楼
去国登兹楼，怀归伤暮秋。
天长落日远，水净寒波流。

> 秦云起岭树，胡雁飞沙洲。
> 苍苍几万里，目极令人愁。

离开长安时，李白几乎是一步一回头，看着背后的长安城渐渐隐入暮色，看着前方的路途越发凄凉。

这眼前的景象不似长安城的繁华，徒有萧瑟，也没有蜀中葱郁的绿色。

他也只能咬着牙继续前行，毕竟这一切都是他自己选的路，他本可以在蜀中依靠父亲，跟着去做个富商，反正大唐也能容忍商人的富裕，毕竟他的几个兄弟，全都在做着经商的行当，他怎么就不行呢？

李白曾经无数次问过自己，为什么我就不能像家里的兄弟那般，去经商呢，闲来无事写点诗，住在舒舒服服的家里，不好吗？

容不得他细想太多为何会走到今天这一步，既然路已经走到了这里，他便只能硬着头皮继续往下走。一个看过了长安城里那些繁华的人，是不可能再回到过去的小世界的，终其一生，那些看过长安城繁华的人，都在努力融入长安，或者努力离开长安。

李白打心底里相信，此时此刻的离开，是为了更好地归来。

所以他看见落日，看见寒霜，看见河流，明明离长安越来越远，却依然执着地说着"归"。

好在前方还有希望，希望陆调说的那些话都是真的。李白相信陆调的为人，不会是张泊那般。更何况，他与陆调本是萍水相逢，不似与张泊，双方都是迫不得已才能碰面。

所以陆调让他去邠州碰碰运气,他便只能再次上路。

好在邠州距离长安并不远,几日的路程,李白便踏上了邠州地界。

三 邠州行

到了邠州,拉关系攀亲戚,倒是搭上了李粲的线,既然都姓李,李白便也拉下脸来,呼其为兄。

对方确实碍于李白的才名,与他交往,甚至还请他为座上宾,至少,李粲愿意请李白去他家中参与宴会。

但是对于举荐的事情,双方都保持了默契,不提。

李白是不知道该如何提,他本来是毫不避讳的性子,尤其是在举荐自己这件事上。可前次张洎那一番操作,让李白心有余悸。他也终于想明白了,若是对方不愿意举荐自己,那么就算自己再积极,再说到天上去,也没用,最终只会落得个被打发到终南山苦等数月,连吃饭都成问题的下场。

所以李白这次想要先等等,等等看对方是否有那份心意。

忽然而至的天寒地冻,打断了李白的等待。他从长安走得急,连像样的御寒衣服都没带几件,可又没地方去置办,况且,他出门带的钱财也早用完了。

相较于后人以为的从不缺钱的潇洒,在过了三十岁后,李白的生活基本上过得都不算富裕,只不过自小养成的富商公子哥心态,让他不至于过于关注钱财的短缺，只有缺钱缺到了眼前，李白大概才能意识到自己确实需要一些钱财来渡过难关。

他只好给李粲写诗文，诉说着天气忽然寒冷，缺衣少食的状况：宁知流寓变光辉，胡霜萧飒绕客衣。

心里的傲气和天寒地冻的寒气较量于他一身，他只得低头，只是还想保留着最后一点尊严，只好说天气冷得急，一切没来得及准备，顺便把自己前几天的好日子相告，让脸面上更好看一些：忆昨去家此为客，荷花初红柳条碧。中宵出饮三百杯，明朝归揖二千石。

稍稍保住了自己的脸面，又害怕对方不帮助自己，便将对方的富裕奢华描述一番，希望对方务必看在这一声兄的分上帮帮自己：吾兄行乐穷曛旭，满堂有美颜如玉。狐裘兽炭酌流霞，壮士悲吟宁见嗟？

毕竟，三十年河东三十年河西，说不定未来你也有落魄的时候：前荣后枯相翻覆，何惜余光及棣华？

借着天气的寒冷，李白把心里想要获得举荐的意思也暗暗地藏在了诗文里。

李粲据说是从前的宰相李峤的儿子，李峤少年成名，文名满天下，与骆宾王齐名，更是与杜审言等被称为文章四友，是一个文学造诣非常高的人。

他从小尉做起，一路高升，最终官至宰相。

作为李峤的后代，李粲不会不懂李白诗里藏着的用意。衣服给了，但举荐就算了。

李白很快就离开了邠州，李粲这个人也许如陆调所说，但李白知道自己不会在李粲这里获得更多，而远在长安的挚友也多日没有书信:而我竟何为?寒苦坐相仍。长风入短袂,内手如怀冰。故友不相恤,新交宁见矜?

忍受着寒冷的李白发现新朋友老朋友,没有一个朋友愿意帮助他,甚至连同情都不愿意向他表达。也许这个时候他会回忆起曾经在金陵城的过往,春风得意的他散尽千金,金陵城的酒肆里都是他与那些少年碰杯的声音。

如今,举杯四顾,唯有酒杯碰在案几上的孤独脆响,举头望天,只有明月挂在窗外。

也许他会想起病卧淮扬那段艰难的日子,可那时还有孟少府陪在他身旁。

长安待不下去,这邠州也待不长久了,李白有了离开的心意。

在邠州挨冻的日子里,李白听说坊州的王司马素有推举的名声,便离开了邠州。

王司马没能留下姓甚名谁,不过在李白的诗文里,他在坊州至少度过了一段快乐的游玩时光。

王司马专门委派了阎正字陪伴李白到处游玩。李白已经很久没有得到如此周到的照顾,他隐隐觉得这次似乎有戏。

实际上心事重重的李白并没有游玩的心态,他一直记着自己前段时间对裴长史说出的那番话。如他所说,裴长史确实不怎么待见他,他也确实离开了安州西进长安,可长安城的王公贵族并看不上他这位弹剑长歌无鱼的失意人。

离家已经两年了,时间快得像是指缝间的流沙,一不小心就是一年又一年。在这些苦闷艰辛的日子里,他一直熬着,全凭他性格底色中的那些乐观，度过每一个难熬的深夜。

李白等不及了，他觉得自己可以出手了，王司马和阎正字，不是张洎那种小人，他回忆着这些日子他们对自己的照顾，越想越觉得这次来坊州来对了。

冬天的雪落下那天，李白怀着感激的心情，给热情招待自己的王司马和阎正字送去自己早已写好的诗文，希望他们能举荐自己：主人苍生望，假我青云翼。风水如见资，投竿佐皇极。

他在诗文里几乎是肯定地下了结论，只要对方肯举荐他，他就一定能扶摇直上。毕竟，对于自己的治世才能，李白从未怀疑过。

从蜀中出来的那一天起，到坊州的这一场落雪，李白将近十年的游历生涯里，一直坚信着自己只是缺少一个机会。

他常常在诗文里把自己比作那些曾经失意，而后一飞冲天的人。

谢安、谢灵运、谢朓、张良、韩信、鲁仲连、张仪、诸葛亮、吕尚等等。

他又时常把那些历史上著名的伯乐一一书写，周文王、燕昭王、周穆王……

更多的时候，他在诗文里经常提及他的那些朋友，而这些朋友，多半也真的举荐过他，贺知章、玉真公主、孟少府、元丹丘……

他的诗文里有相当大一部分是为了干谒做官，他很少怀疑自己的才能，只是痛苦于大道如青天，我独不得出。

这一次，在坊州，他看到了希望。王司马和阎正字都是热情的人，他们人也不错，他不过一个白身，他们却礼贤下士，陪着他几乎把坊州这个鸡毛大的地方玩了个遍。

李白信心满满，等待着对方的回复。

一整个冬天都过去了，他也未能等到他心心念念的青云翼。

王司马和阎正字还是陪他游山玩水，却从不提举荐的事情，李白无法理解其中的原因，试着提了提那首写给他们二人的诗文。

二人一番挽留，送上钱财，李白愣了愣，随即明白过来，哭笑不得，他们以为他写那首诗，夸赞他们富有才力，是为了要一些盘资，他倒成了他们眼里的"文丐"了。

可是确实囊中羞涩，李白也只能叹息一声，收下了那些盘资。

王司马和阎正字算是真心待他的人，本就是萍水相逢，李白也不再想搞清楚对方到底是没理解他的意思，还是假装不懂。

那天为李白送行的宴会快要结束的时候，望着醉醺醺的王司马和阎正字，望着房门外高挂枝头的月亮，李白举着酒杯，忽然陷入一种悲怆之中，他缓缓地举杯，一仰而尽，望着残羹剩宴，忽然将心中压抑了许久的话说了出来。

　　留别王司马嵩（节选）
　　鲁连卖谈笑，岂是顾千金。
　　陶朱虽相越，本有五湖心。
　　余亦南阳子，时为梁甫吟。
　　愿一佐明主，功成还旧林。
　　西来何所为，孤剑托知音。

他将自己比作一人退敌三军，过后却不领赏的鲁仲连，将自己比作功成身退的范蠡,将自己比作诸葛亮,将自己来长安的目的,告诉王司马和阎正字。

他不是想要钱,要钱,他不必离开蜀中的家,他也不必入赘许家,更不必在终南山被困雨中饿得下不来山,也不必在寒冬腊月奔向邠州坊州,更不必写下那么多阿谀奉承对方的干谒之诗。

王司马和阎正字有没有听到,他们懂不懂,李白已经不在乎了。

说完这些话,李白就醉了,握着酒杯,趴在案几上,沉沉地睡了过去。

他做了一个很长的梦。

梦里,他留在了蜀中,跟着父亲做生意,他不写诗,不写赋,没有干谒过任何人,他倒是依然呼朋唤友,不过不是在金陵城,而是在成都城里。

从此之后,没有了名动天下的诗句,也没有了淮扬旅馆里的病榻。

床前明月光,疑是地上霜,举头望明月,低头思故乡。也没有了。

因为梦里的他一直就没有离开蜀中。

日后的那些艰辛,他也没有再遇到。

他还是叫李白,只不过梦里的他不再是个写诗的人,只是一个快快乐乐,生活在蜀中的商人李白。

王司马与阎正字醒来的时候,李白已经走了。

冬天的雪已经化了,春天的绿色已然开始在山野间萌发,李白大踏步走在归往长安的官道上,努力回忆着昨晚的梦。

他总感觉自己做了一个很长的梦,那个梦还十分甜蜜,可是他喝的酒太多了,实在记不起梦里到底发生了什么。

想了半天，还是一无所获。

李白摇摇头不再去想，他抬头望着长安的方向，加速了步伐，他决定再上一次终南山。

因为在坊州的这几天，他收到了陆调从长安传来的消息：玉真公主回来了。

四　我昔斗鸡徒

玄宗皇帝爱斗鸡，整个大唐也就都爱斗鸡了。

玄宗皇帝年轻的时候就热爱斗鸡，登基后更是在宫中专门设置了养鸡的场所，以供斗鸡娱乐。

不仅大内如此，街头巷尾，斗鸡者处处皆可见。每年到了清明节或者皇帝的生辰千秋节，皇帝还会亲自赐予食物，让全城的百姓狂欢三天。

玄宗皇帝身边有一位善于驯鸡斗鸡的神鸡童，他是个胡人，父亲来自遥远的阿拉伯，归顺了大唐，因为力气大，又因为随着年轻的玄宗皇帝发动政变，成了玄宗皇帝的卫士。

贾昌虽然长得不像汉人，但的的确确是个生在长安、长在长安的大唐人。

他热爱大唐，但却买不起一只看上去不错的鸡。

上有所好，下必甚焉。

王公贵族人人都在为厉害的雄鸡奔走，大价钱买，高规格养，只是为了能吸引皇帝的目光，说不定哪一天，皇帝就看见了这只鸡，从此鸡的主人便也青云直上。

长安鸡贵，年幼的贾昌买不起鸡，只能玩玩木头鸡，但这丝毫不影响贾昌在斗鸡这个行当的惊人天赋。

传说里，贾昌可以听懂鸟语，每当他站在鸡群里，所有的鸡便乖巧伶俐，听他指挥。至于他是如何被玄宗皇帝发现的，据他自己所说，他因为贫困买不起鸡，就用木头做的假鸡在街面上玩，那时候他不过七八岁，正好被路过的玄宗皇帝看到，玄宗皇帝带他入了宫，贾昌高超的驯鸡本领迅速让他成了皇帝眼前的宠臣。

整个大唐沉浸在斗鸡的快乐里无法自拔，贾昌一生因为斗鸡而荣宠不断，荣华富贵到了安史之乱才因此断绝。

开元年间，还在皇帝计划的盛世中，安禄山此时此刻还是忠诚的边疆将领，日后惊天动地的战鼓声此时还未响起。

长安城依然沉浸在斗鸡走狗、携妓宴饮的奢靡之中。

李白也不能免俗，但多多少少带着点无奈之感。

开元十九年（731年），刚过而立之年的李白从坊州回了长安，按照古人的标准，他只是成了家，却并未立业。

李白的心里很着急，他只想着能赶紧见到玉真公主，献上自己的诗文，像当年的王维一样，获得公主的提携。他跟王维同岁，王维获得提携的时候，不过二十弱冠的年纪。

而他，已经三十出头了。

所以李白并未直接进城，而是赶紧回了趟终南山。因为他的目标

不是长安城,而是回到长安地界的玉真公主。

一路风尘仆仆,顾不上吃顾不上喝,连夜上了山,结果玉真公主并没在行宫,至于在哪,谁也不知道。

李白发现这里与先前并未有什么不同,只能在月色中看着眼前熟悉的别馆,重复着一句句的哀叹,"我来南山阳,事事不异昔"。

好在雨停了,酒水倒是有了,那就喝酒吧:且复命酒樽,独酌陶永夕。

喝醉了就好了,什么仕途,什么显贵,什么天下,什么故人新交,全都没有那么重要了。只有月光下的自己,只有落在皎洁月光里的身影,只有此刻被酒精麻醉得飘飘欲仙,才能将自己稍稍从苦闷中抽离。

只有这一刻,他才觉得自己是作为最纯粹的人而活在这世间。

在更多的时候,他感觉自己仿佛被一股难以名状的力量推着向前,起初的时候他以为那是理想,慢慢地他感觉那是他唯一的路,到现在已经成了他活着的理由。

至于自己是否真的打心底里喜欢这样的生活,李白只有在喝醉酒的时候才会去想这个问题。

这个时候他往往会想起在大匡山时的老师赵蕤,还有他最好的朋友道士元丹丘,他们走了截然不同的路,从未像他般执着于仕途,他们是如何说服自己内心的纠葛的?

李白不得而知,他也有很久没有再见到赵蕤和元丹丘了。

在长安,他的朋友不多,陆调算一个。终南山没有路子,那就再回长安城吧,至少还有个朋友在那等他归来。

一个人只要心里明白有人在等待自己归来，那他就不会是浮萍。李白这只飘零太久的大鹏鸟，决定再栖长安城，也许会有什么路子呢。毕竟那是长安城，达官显贵遍地走，他总不能再去终南山苦等数月吧？更无法再去长安周边碰运气，这一趟邠州坊州行，几乎耗尽了他的精力。

回到长安城，李白大睡了三日。

醒来，怅然若失，所有的雄心壮志好像在一瞬间消失不见了。

从春寒料峭回到长安，到夏日挥汗如雨，李白在长安城中只做了一件事：混。

李白肯定听说了贾昌的事迹，这个神鸡童是如何从一个只能玩木头鸡的胡人少年，凭借着高超的斗鸡本领，一跃成为帝王御前的宠儿，成为与权贵无异的人上人的。

李白曾经在长安城无数次见过这样的人，靠着斗鸡走狗，奉迎皇帝，朝阳初升时还是长安城街巷里无所事事的少年，暮时已经是穿金戴银招摇过市的帝王宠臣，飞扬跋扈到连行人都害怕这样靠斗鸡走狗上位的新贵：路逢斗鸡者，冠盖何辉赫。鼻息干虹蜺，行人皆怵惕。

李白后来进入的翰林北院里，其实都是这样的宠臣。他曾经在年轻的时候看不起的这些人，正是后来面见皇帝时候的他自己。

李白在这种他根本看不起的身份里徘徊许久，挣扎着让自己离开了这个境况。

当天宝三载的李白遇见杜甫时，他们是否会聊起这个神鸡童，我们不得而知。但假若在天宝三载的洛阳酒肆里，李白提起神鸡童贾昌，来自长安城南杜氏的杜甫必然知道这位神鸡童的诸多事迹，甚至杜甫曾经还写过斗鸡的诗：斗鸡初赐锦，舞马既登床。

与贾昌同年的杜甫，一定听说过这位同龄人的事迹。

但是在洛阳初遇杜甫的李白，很可能并不会提起这段斗鸡走狗、整天无所事事瞎混的日子，毕竟那也不是什么光彩的日子。

从春天到夏日，李白一直在长安城厮混。在平康坊不远处的北门一带，是整个长安城最风云际会的地方。平康坊就在长安城东市的隔壁，十几个藩镇节度使的驻京办事处也在此处；达官贵人为了方便上朝，全都在东市四周的各坊购宅，贺知章、李林甫、太平公主、安禄山、郭子仪等全都在这附近居住；科举士人进京赶考，也全都聚集在这里；这里有着最繁华的旅馆街，文房四宝店铺，还有着全长安最好的酒肆和妓院。

李白在长安蹉跎的日子，基本上就活跃在这一带。这一段时间，他仿佛放弃了苦苦地求索，既然上天无门，那不如去长安城的尘埃里待着。

李白每天在东市北门附近，跟一群浮浪子弟厮混，这些人有一个共同的身份，五陵豪，又称五陵少年。

这些人往上追溯是春秋战国时期六国遗老遗少贵族，刘邦统一全国，迁各国贵族于长安城外，后来他们便围绕着汉代的五座帝王陵墓居住。他们有钱，朝中有人，又年少轻狂，长久以来，成为长安城的一股重要力量，一直延续到大唐。

长安城里的五陵少年们，风流不羁，携妓饮酒，斗鸡走狗，身穿华服，脚蹬骏马，好不威风，自然也少不了打架斗殴，作奸犯科。

李白整天与这些人混在一起，高头骏马，斗鸡喝酒。

横吹曲辞·白鼻䯀

银鞍白鼻䯀,绿地障泥锦。

细雨春风花落时,挥鞭直就胡姬饮。

这期间,他写下了很多关于这些斗鸡走狗之徒的诗句,在李白的眼里,这些五陵少年豪放不羁,潇洒倜傥,仿佛年轻的生命永远燃烧不尽。

少年行·其二

五陵年少金市东,银鞍白马度春风。

落花踏尽游何处,笑入胡姬酒肆中。

长安城的美酒是天下最好的,长安城酒肆里的胡姬是天下最美的,五陵少年们骑马横行,他们互相称兄道弟饮酒为乐。那些从前的求索干谒已经被他远远抛在脑后,李白眼里的五陵豪们是他此刻的精神寄托。

没有官做,没关系,至少还可以像五陵少年们那般肆意潇洒地活着。

五　鲜衣怒马五陵豪

在整个大唐，五陵少年几乎成了一种精神象征，代表着大唐的快意恩仇，纨绔潇洒。

在白居易的眼里，他们是敢爱敢恨出手阔绰的少年郎：五陵年少争缠头，一曲红绡不知数。

在杜甫眼里那是比自己混得好的昔日同窗：同学少年多不贱，五陵衣马自轻肥。

而在李白眼里，他们是游侠一般的人物，可以手刃仇敌，可以建功立业，可以归隐山林。

白马篇

龙马花雪毛，金鞍五陵豪。
秋霜切玉剑，落日明珠袍。
斗鸡事万乘，轩盖一何高。
弓摧南山虎，手接太行猱。
酒后竞风采，三杯弄宝刀。
杀人如剪草，剧孟同游遨。
发愤去函谷，从军向临洮。
叱咤经百战，匈奴尽奔逃。
归来使酒气，未肯拜萧曹。
羞入原宪室，荒径隐蓬蒿。

五陵少年们确如李白诗文里所描述的那般,很多都会参军,只不过他们加入的一般都是戍卫京都长安的戍卫军,是天子的亲卫兵。

而他们加入亲卫兵的目的也不过是方便逃离去边疆服兵役的命运。

这种情况一直要等到张说改募兵为雇佣军才算解决了躲避兵役的问题。

李白在东市北门一带和五陵少年们厮混了大半年,这期间他见了太多豪强的仗义与龌龊,阔绰与奸诈,时间一长,难免就会有口角争执。

最终,争执酿成打斗,十五好剑术、腰间延陵剑、玉带明珠袍的李白,陷入被包围的境地,生死一线之间,北门之厄成了李白在长安遭受的最大危机。

在这之前,他只是求仕失意,在被五陵豪与争斗之人包围之时,他意识到了生命的危机。

若不是陆调关键时刻出手相助,李白可能会在开元十九年就毙命于长安北门一带。

五陵少年们豪放不羁,自由自在,只按自己的心情活每一天,仿佛活在大唐的现代人。

然而他们在生死存亡的关头,下手从来不会轻盈。

李白因为斗鸡得罪了某人,某人又联合五陵少年们,一起围攻李白。

大概是早就看这个外来人不顺眼了,他们将李白堵在了长安城北门一带,情势急转直下!

多年以后,李白给友人陆调写信,依然清晰地记得那年在长安遭受的生命考验,依然记得当时的种种情景,宛若昨天,历历在目:

我昔斗鸡徒，连延五陵豪。邀遮相组织，呵吓来煎熬。君开万丛人，鞍马皆辟易。告急清宪台，脱余北门厄。

因为斗鸡起了矛盾，被人围困，对方不断呵斥吓唬李白，李白感到异常煎熬，打也打不过，跑也跑不了，双拳难敌四手，更何况对方是一群横行长安城的五陵豪。幸亏陆调急忙去请了官府的救兵，这才救了李白。

李白斗鸡走狗的日子，随着被围困北门而结束了。

他望着河水里倒映着的鼻青脸肿的自己，这才发现，他已虚度了大半年的光阴。一转眼，秋天又要来了。

若是从离开安州算起，他已经离家两年了，依旧是一事无成。

干谒无门，瞎混也混不下去了，他得罪了五陵豪，在这长安城他躲得了初一，躲不了十五，陆调可以救他一次，但没办法次次都及时出现。

他与五陵少年们聚集数月，但他终究不是五陵豪，长安城斗鸡走狗的日子是那些人的归宿，不是他的。

初夏的长安依然有着丝丝的凉意，一如李白的心情。

心如死灰的李白浑浑噩噩地消磨着长安剩余的夏天，脑海里想的都是蜀中的日子。每当人生失意，李白或多或少都会想起在蜀中的日子。游子如风筝，少年时的故乡便是那根长长的线，是游子在世间行走时的慰藉。

这时偏偏有友人要去蜀中，一听说蜀中，那些熟悉的画面瞬间全都迎面扑来。李白激动地挣扎着起来，跑到城外送别友人，按照大唐文人送别的规矩，要在城外折柳惜别。

送友人入蜀

见说蚕丛路,崎岖不易行。
山从人面起,云傍马头生。
芳树笼秦栈,春流绕蜀城。
升沉应已定,不必问君平。

他喋喋不休地告诉着友人去蜀中的路如何艰难,最终话锋一转,说冥冥之中,命运其实早已暗中注定,不必为此做过多的挣扎。

他似乎在述说着自己此刻的内心,在接连不断的打击和挫折里,心高气傲的李白也决定向冥冥之中的命运妥协,因为人生的道路,实在不是他努力了就一定有结果的,甚至他努力了,结果还更糟糕。

正因为他努力地在践行干谒的路途,反而让那些人觉得他是个官迷,人们都觉得他大言不惭,言多不实,甚至嫉恨他在干谒诗文里流露出的冲天才情。

可若是什么都不做,又无人能知晓他的存在。

在矛盾与痛苦的煎熬中,李白送别友人,仿佛也在送自己离开长安这座权力的修罗场,难的又何止是蜀道,更难的是在这世间艰难求存的每一天啊。

这世间的一切在他看来都是无奈的不可控,唯有心中的笔墨,才是他完全拥有的刀笔,他可以用它驰骋天下,也可以用它写下每一缕的忧愁。

回城的路上,李白看着友人的背影,想象着友人走在蜀中的山道中,他忽然觉得胸有千言,不吐不快。

于是他策马扬鞭，加快了回城的步伐。

他铺开一张皱巴巴的纸，抽出干涸的毛笔，来不及研墨，随便在嘴里含了片刻笔尖，清香中带着一些涩臭的墨味在舌尖荡漾开来，迅速充盈整个胸膛。

李白提笔呆滞数息，炯炯的眼眸望着窗外遥远的天际，滚烫的眼泪不知何时溢出，在他的眸子里微微颤动。

这十多年来的景象一段又一段，出现在他眼前：年少无忧的蜀中童年，他坐在院子里看着洁白的月亮，幻想着外面的世界；大匡山的赵蕤与数千只鸟儿，盘旋在他眼前久久不肯离去，他仿佛又看见了与赵蕤月下漫步的那些日子，又听见了亦师亦友的赵蕤谆谆教导的语调，还有大匡山寺庙里僧人低沉的念诵声，还有个小僧人，站在溪流边，告诉他今天寺庙的斋饭很好吃；还有他第一次在成都与渝州干谒大人物时悸动的心情；金陵城酒肆里，那些呼朋唤友的日子好像就在昨天；还有淮扬的月光，还有这些年路途上的友人，苏颋、元丹丘、司马承祯、孟少府、孟浩然、陆调……那些熟悉而又热情的面庞，一一再现；还有安州的许氏，她总是那么温柔地看着他，在她身上，永远看不见丝毫的埋怨……

他强忍着这十多年的委屈，长叹一声，端起桌边案几上的酒壶，仰头而饮，酒水混合着笔墨，灌入他滚烫的胸腔。他挥毫提笔，强劲透纸的笔力在纸上横奔竖走，写下三个大字：蜀道难。

蜀道难（节选）

噫吁嚱，危乎高哉！蜀道之难，难于上青天！

蚕丛及鱼凫，开国何茫然！

尔来四万八千岁，不与秦塞通人烟。

西当太白有鸟道，可以横绝峨眉巅。

地崩山摧壮士死，然后天梯石栈方钩连。

……

但见悲鸟号古木，雄飞雌从绕林间。

又闻子规啼夜月，愁空山。

蜀道之难，难于上青天，使人听此凋朱颜。

……

剑阁峥嵘而崔嵬，一夫当关，万夫莫开。

所守或匪亲，化为狼与豺。

朝避猛虎，夕避长蛇。

磨牙吮血，杀人如麻。

锦城虽云乐，不如早还家。

蜀道之难，难于上青天，侧身西望长咨嗟。

笔停纸尽，心中快意如海啸般缓缓退去，只留下寂寥与空荡。他后退几步，跌坐榻上，低垂着头，再无一言。

开元十九年的夏天，碰了一鼻子灰，还被打了个鼻青脸肿险些丧命长安城北门的李白，决定离开长安。

他已经想好了去处，就在数天前，他收到了一封自嵩山而来的信。

信是元丹丘写的，他热情地邀请李白来嵩山游玩，并且告诉李白，有一位神秘人，正在此地等着他的到来。

第五章 俠客行

一　对酒遂作梁园歌

　　李白一生最好的朋友是元丹丘。

　　当李白在洛阳酒肆里,将第一次离开长安城的理由归于元丹丘的邀请时,杜甫便对李白频频提到的这位道友心生好奇。

　　可以想象,以李白的性格,他不会在洛阳酒肆的初遇里,告诉杜甫自己打架、挨揍、在长安混不下去这些糗事。他最多只会说,我的好朋友元丹丘邀请我去嵩山,于是我就离开了长安城。元丹丘嘛,一位世外高人!来,我跟你说说,我这个朋友到底有多厉害!我告诉你,他可是会长生之术的!

　　杜甫于是就被李白对友人高调的炫耀给吸引住了。

　　李白一生留存下来的诗文九百多首,其中有二十多首都提及了元丹丘,元丹丘在他的诗文里出现频率极高。

　　李白第一次的长安之行以失败告终,一年多的长安漂泊生活,带给他的只有无奈与遗憾。

　　唯一的收获是认识了陆调这个讲义气的朋友。

　　陆调送他出了长安东门,按照大唐文人之间的礼节,折柳相别,互赠诗文。

　　然而关于这一次别离,李白没有为我们留下诗文,也许是散落在历史中寻不见了,也许根本就没有什么好写的。

壮年时候的友谊，一别经年，再见也不知是何年何月。

等到多年后李白再提起陆调，这时候的李白已经两鬓斑白，他们也早已不再是惺惺相惜的朋友。彼时陆调是有了官职的江阳令，而李白依旧是白身漂泊无依。那时他给陆调寄去一篇长长的诗文，说到底，是为了在陆调这里碰碰运气，看能否被举荐。

在那篇长诗里，李白俨然已经与昔日的好友不再是一个阶层的人，整篇的诗文都透着对昔日友人隐隐的仰视。

纵观整个大唐，李白的诗文冠绝诗坛，甚至无人会说他只是那个顶端的之一，诗仙的头衔是诗人最高规格的桂冠，李白一人独享。

他的诗文厉害就厉害在，无论多么低声下气的求索，低眉顺眼的干谒，甚至平平无奇的送别，总能用最傲然无双的遣词造句，用典使故，将那些诗文的气质拔高到未能轻易企及的高度。

后人读李白的诗，见他诗文，知他干谒的低姿态，但一看雄文，依旧不得不服他的气势无双。

哪怕是在诗文里吹捧陆调的祖先，他也能写得豪迈：*清风荡万古，迹与星辰高。开吴食东溟，陆氏世英髦。*

将陆调的祖先吹嘘一番，又帮着对方回忆起当年在长安救他脱北门之厄的经历：*君开万丛人，鞍马皆辟易。告急清宪台，脱余北门厄。*

然而李白也知道他们后来很久都没有再联络，很多曾经的朋友就是这样，世事复杂而又无常，很多人就这样散落天涯，从此再无音信。李白与陆调也是如此，所以李白才要在多年后的诗文里解释：*但苦隔远道，无由共衔觞。*

然而为何这么多年过去了，李白忽然又写下这首感谢诗呢？传闻李白写下这首诗的时间，距离他在北门和五陵豪打架斗殴已过去十几年之久，而彼时的陆调已经是江阳令，他的顶头上司就是张镐，张镐素来以举荐才人出名。

李白写诗的用意不言而喻。

然而十几年前在长安城里，陆调义气冲天，可以拼了命搭救李白于北门之厄，十几年过去了，人都会变的。

李白并非不知道人情世故，他甚至还在其他的诗文里表达过对人情世故的无奈：一朝谢病游江海，畴昔相知几人在？前门长揖后门关，今日结交明日改。

很多朋友转头就变了脸，李白不是不知道这些道理。可内心不甘于现状的他只能硬着头皮去求索，他无法接受自己一生一事无成的结局。在那样等级森严，为官是唯一出路的时代，无人可以苛责他近乎病态的执着。

所以李白只能在面对自己曾经的朋友，曾经救自己于水火之中的朋友时，写下一首感谢诗，感谢他十几年前的义气，然后在诗文的最后极力掩盖自己的目的，一再强调只是想要跟陆调叙旧玩乐，没有其他的目的：中途不遇人，直到尔门前。大笑同一醉，取乐平生年。

他说自己哪里都不想去，就只想去陆调的门前，然后喝酒，然后叙说从前在长安城的那些快乐。

多年以后的陆调并未理会李白的这首诗文，也许他会象征性地给他一些盘缠，但从李白的履历来看，他并未能从江阳令陆调的门前，谋得一官半职。

那时候的李白已经接近知天命之年，已经不再执着于中书舍人、帝王之师、宰相之职，他只想要一个小小的官位，然而也无法如愿。

不过第一次离开长安城时的李白在面对前来送别的陆调时，并未能预测日后他还要硬着头皮求在他这位朋友的府门前。

他当时只是觉得这一次的离开，应该只是暂时的，只要时机成熟，他必然能很快再回到这座城。

因为远在嵩山的元丹丘告诉他，他很想念李白，希望李白来嵩山玩，见一面，喝喝酒，最重要的是，他有一个重要的朋友想要介绍给李白，如果李白需要门路的话。

在长安城里得不到机会的李白，只能选择相信朋友，而且他也确实很久没有见元丹丘了。在蜀中相识的岁月还历历在目，去见元丹丘的心情，让李白有一种回归蜀中老家的亲切感和焦急感。

然而元丹丘毕竟是自己最好的朋友，李白一路上都在想着怎么跟元丹丘讲他在长安的事情。总不能说自己被张洎扔在了终南山饿肚子吧？总不能说，在坊州和邠州混了一个冬天吧？总不能说还跟人打架斗殴，差点折在长安城吧？

近乡情更怯，不敢问来人。

李白颇有一种矛盾的心理，他沿着黄河一路东行，犹犹豫豫间，很容易就错过了洛阳，错过了嵩山，他又想着不如就直接回安州吧。

毕竟妻儿都已许久不见，他很想念他们。在长安城的时候，他数次写下一些零散的诗文，寄托着自己对远方妻儿的想念：泪尽恨转深，千里同此心。相思千万里，一书值千金。

可他又下不了决心回安州家中，离开的时候动用了许家的关系，花了不少钱，可结果呢？

本就是入赘的人，李白仿佛早已预见许府中的白眼相待。

他犹犹豫豫，在嵩山和安州这两处归处徘徊，不知该去向何处，不知不觉中已漂泊到宋州一带。

天已经快要亮了，李白下了船，沿着官道朝宋州走。一路上思绪万千，胡思乱想着自己三十年的人生，从蜀中的童年到少年时期大匡山学习，游历成都，再到仗剑去国，辞亲远游，沿着长江一路到达金陵扬州，再到安州，一入长安深似海，现如今，他又在路上了。

眼前忽然出现了一片开阔的废墟，似乎是一个园林，只是早已是断壁残垣，仍能依稀在林木里看到当年的豪奢。

他记起来了，这是梁园，当年信陵君所在的地方，他也不知道自己是有意还是无意，竟然来到了自己尊崇之人曾经居住的地方。

李白一生似乎都在遵循他心里所尊崇的那些先贤走过的道路，然后以他自己的姿态再走一遍。

他去成都，去洞庭湖，是因为司马相如、扬雄；他去金陵扬州吴地，是因为他心里的谢灵运、谢安、谢朓；他去长安，是因为那是多少名臣宰相匡扶天下的中枢；他后来的人生，也在遵循着内心的道路，去山东，去河北，因为鲁仲连，因为燕赵自古多慷慨悲歌之士人。

这一次，他到了梁园。

李白沿着断壁徐徐走动，看着风吹雨打中早已荒废的昔日园林，想着信陵君曾经窃符救赵的事迹，再一低头，看见脏兮兮的靴子和衣摆，困苦潦倒的模样倒映在园中的臭水泊里，他恍惚了许久。

暮色逐渐而至，天色将晚，忽然不远处的高台响起一声琵琶声，李白驻足望去，隐隐看见一团团烛光摇曳。

循着微弱的光和清脆的琵琶声，李白踩着废墟，一深一浅朝着高台走去。

一群白衣少年郎正围坐在一起，琵琶声声响，美酒佳肴摆在毯子上，大家席地而坐，有数个美姬侍奉，舞曲一起，姬女忽而起舞。

一切仿佛仙人下凡，又如鬼市忽现。

端的是如梦幻泡影，真实又虚幻。

众人眼看着高台下站着的李白，一打听，听说是从长安来的诗人，纷纷邀请他上台入席。

客随主便，杯酒连连，李白是豪爽的性子，很快与众人醉成一团，忽然有主人说不如来诗文一首，琵琶伴奏，美姬起舞，岂不美哉？

李白端着酒杯，盛情难却，望着忽然停下来的琵琶、美姬、美酒佳肴、热情的少年郎们……

写点什么呢？

一事无成的日子太久了，他已经好久都没有那种下笔如有神的感觉了。

众人殷切地望着他，他却低下了头，想起这段时间的遭遇，悲从中来。

喝酒吧，喝了酒就会忘记这些烦恼和悲苦了；喝了酒，他就还是那个闪耀大唐的醉诗仙！

李白连喝三杯，又拿起酒壶仰头一饮而尽。

好酒量！

好酒量!

好酒量!

李白抻开袖子,一抹唇边的美酒,深吸一口气,仰头闭上了眼睛,眼前浮现出他匆忙离了长安,渡口苦等,终于乘船下黄河的画面。

梁园吟(节选)

我浮黄河去京阙,挂席欲进波连山。

天长水阔厌远涉,访古始及平台间。

平台为客忧思多,对酒遂作梁园歌。

他紧紧闭着眼,心中似乎堵着一口气,所有的雄心壮志,都在这次长安之行中被无情拍碎在脚下,又被那些达官显贵狠狠地踩在了上面。

他忍不住在心里问自己,何时才能回去长安啊。

他虽然闭着眼,却仿佛看见了那个不情不愿从长安城离去的背影:洪波浩荡迷旧国,路远西归安可得!人生达命岂暇愁,且饮美酒登高楼。

那就喝酒吧,既然回不去了,那就放肆自己的欲望,不醉不归!这天下又不是离不开他,总有大人物在高高的朝堂,不是他,就是别人,有何区别呢!

就在这高高的台楼上尽情地喝酒吧!

就算是古时候那厉害的信陵君,现如今他的坟前还不是农田!就算是从前的王族园林,此刻还不是荒草丛生!

又有什么是非得执着不放手的呢?

梁园吟（节选）

昔人豪贵信陵君，今人耕种信陵坟。
荒城虚照碧山月，古木尽入苍梧云。
梁王宫阙今安在？枚马先归不相待。

然而，诗文出口，李白忽然又停住了喝酒的杯子，他忽然回头看向西边，那是长安的方向。

长安城的宫阙依然历历在目，达官贵人的华盖还未从记忆里模糊，心中的那些壮志还在蠢蠢欲动。那毕竟是昨日的记忆，并未能从他的脑海中迅速被醉醺醺的美酒抹去，心里到底是不甘心，万一语成谶，万一冥冥中真有命运之神在看着高台上的一切，于是他忽然话锋一转，将杯子里的酒水洒在了高台下的荒草之中，压低了声音吟诵：歌且谣，意方远。东山高卧时起来，欲济苍生未应晚。

如果有一天机会来临，他还是要学谢安，出山匡扶天下。

到最后，他都没办法说服自己放下心中的执念。

一首诗文吟诵完毕，全场鸦雀无声，忽然不知道谁喝了声"好"，整个高台上顿时喝彩声一片。

琵琶声复又响起，清脆如珠落地，美姬腰肢曼妙，舞着长安城里学来的时兴胡舞，宾客举杯欢饮，一遍遍唱着李白刚刚吟诵的那首《梁园吟》。

只有李白，放下手中的酒杯，躺在席子上，望着头顶的星空，缓缓闭上了眼睛，不一会鼾声微微响起。

他太累了，很快进入了梦乡。

在那里，他端坐在云端，望着高台上宴饮的人群，望着人群里缓缓沉睡的自己。他朝西边望去，云雾缭绕中，千里之外，长安城的暮鼓落下最后一声，整个城池都进入了夜色之中，只有兴庆宫皇帝的宴席，灯火通明，仿佛宴会才刚刚开始。

二　异姓为天伦

梁园偶然的宴会改变了李白的心意，他还是不肯轻易屈服于现实的无奈，决定去嵩山友人那碰碰运气。

也许元丹丘嘴里那个神秘的贵人，能给他一直不走运的人生带来点好运。

从梁园出发，再次溯流而上，沿着黄河岸边一路走走停停，到了然后再折向嵩山，等他到达嵩山的时候，已经是开元十九年的暮秋了。

秋风寒色，举目四望皆是颓败的景象，李白在梁园好不容易积攒的勇气一路上消耗殆尽，到了嵩山脚下，他反而不敢直接去找友人了，想了半天也不能又折返回家吧！

犹豫之间，忽然想起嵩山上有名的隐士焦炼师，于是直接上了嵩山，想着在拜访友人之前，起码得有个能拿得出手的游历经历来向他们说道。

元丹丘是道门弟子，焦炼师是当世有名的传奇道士，传闻她生于数百年前的齐梁时期，但看上去却只有五六十岁的模样，是道教弟子们仰慕的在世仙人。

关于焦炼师最传奇的故事是说她曾经在嵩山修道时，收过一个女弟子，那弟子一身黄裳，天赋极高，很快就将焦炼师的一身本领都学了去。

焦炼师便想着将这位弟子留在身边，没想到对方却执意要下山离去。焦炼师问为何如此，这位女弟子竟大方地承认自己是狐妖，听说焦炼师本领高强，特来拜师学艺，此时已学完本领，此地已无留下的必要。

焦炼师大惊失色，自己岂能教会狐妖去祸害人间？立刻想要束缚住对方，却发现自己早已没有对方本领高强。

焦炼师情急之中作法请下太上老君，老君于半空中斩杀正准备逃离的狐妖。

焦炼师这才放下心来，没想到片刻之间，更离奇的事情发生了，那太上老君竟然化为狐妖的模样，飘忽离去……

此事跌宕起伏，颇有唐传奇的色彩，后人看来极为滑稽不实，然而能在如此离奇的故事里留下姓名身份，也可从中窥见焦炼师在道教里是个人物。

另外，李白自蜀中时便有向道之心，整个大唐自皇帝到白身平民，无不崇尚修道养性。

李白仕途求索受挫，自然就把过剩的精力放在了修仙访道的方向。

在日后漫长的人生里，他始终在求仕和修道之间徘徊摇摆，每当求仕干谒受挫，他就会故作不在乎，抛弃干谒的路径，转身一头扎进修道的路途。每当修道一段时间,有了干谒的新路子,他就会按捺不住内心,跃跃欲试,又信心满满地投入求仕的路途。

李白在蜀中就曾拜访过不少名道,他二十岁之前在大匡山大明寺学习,曾多次去寻访道教高人,甚至有几次因为见不到心中的高人还曾写下过诗文。

访戴天山道士不遇
犬吠水声中,桃花带露浓。
树深时见鹿,溪午不闻钟。
野竹分青霭,飞泉挂碧峰。
无人知所去,愁倚两三松。

只不过二十岁时候的李白寻访道士,是为了解答心中对道教典籍的疑惑。此时此刻,他避而不去见友人,却先上嵩山寻访道士,却是由于不知见到友人该说些什么。

从蜀中与元丹丘相识,到开元十九年的暮秋,已经十年了,他还是一事无成,实在是不知该怎样跟老友寒暄。

心中的骄傲让他不能随心所欲直去友人之处,便也只能上嵩山碰碰运气,看能不能遇见那传说中的焦炼师。毕竟元丹丘也是道教中人,能找到焦炼师,兴许能稍稍遮掩这十年的碌碌无为,也能稍稍遮蔽一下他前途无路只能投靠友人的窘迫感。

他可以说自己是游山玩水寻访高人而至,而不是长安无着落只好灰溜溜跑到此处。

然而哪怕是这一次的寻访，也是无功而返。

嵩山何其大，李白走遍了三十六峰，始终没能见到传说中的焦炼师。李白悻悻然下了山，留下一首长诗遥寄焦炼师，整篇都在称赞焦炼师，唯独到了这首诗的末尾，他话锋一转，忽然回到了自己身上：愿同西王母，下顾东方朔。紫书傥可传，铭骨誓相学。

东方朔是汉朝人，自荐做了官，却一生都不被汉武帝重视，只是把他当作一个说笑逗乐的玩伴。

李白以东方朔自喻，艰难的三十六峰寻访也未能消解他心中的愁闷。漫山遍野的秋叶随着萧瑟的秋风起伏飘荡，仿佛无根的游子，飘飘忽忽，落在他的脚边。

李白驻足良久，最后回望了一眼高峰之上的云海飘摇，踩着"咯吱咯吱"作响的一地落叶，徐徐下了山。

元丹丘的山居就在嵩山脚下，颍水北岸，卧靠嵩山，云海翻腾。

李白的到来，让元丹丘欣喜若狂。

多年以后的洛阳酒肆里，面对杜甫，李白依然清晰地说出了元丹丘的山居景象：丹丘家于颍阳，新卜别业。其地北倚马岭，连峰嵩丘，南瞻鹿台，极目汝海，云岩映郁，有佳致焉。

对于好友元丹丘，李白是既羡慕又欣赏，他一个四处干谒的人，却在心里非常理解元丹丘抛弃尘世的修道心思，只因在漫长的十年干谒生涯里，他遭遇了太多挫折，对于隐居在颍阳山居里的元丹丘，李白只有深深的艳羡。

尽管元丹丘喜欢隐居，而他更喜欢游历四方，但在看见元丹丘的那一刻，李白也许真的如他诗文里所说，也想要学元丹丘一样，隐居

在繁杂的世间。

题元丹丘山居

故人栖东山，自爱丘壑美。
青春卧空林，白日犹不起。
松风清襟袖，石潭洗心耳。
羡君无纷喧，高枕碧霞里。

世间的道路是那么艰难，眼前友人的山居是如此恬静雅致。李白顿时起了隐居之心，若是能抛弃世俗，跟友人相隐嵩山脚下，未尝不是一件美事。

而元丹丘对于李白这些年的干谒之路，则未必会穷根问底，他们只是像许久未见的老友那般，诉说着对彼此的怀念。

而尘世之外的事情，元丹丘本就没有那么关心。

人在世上交朋友，要么是找与自己极为相似的人，要么就是找互补的人。

元丹丘之所以能成为李白诗文里留下名字最多的友人，很可能是因为在元丹丘身上，有着李白极为艳羡的部分。

诸如元丹丘对于俗世的彻底抛弃，以及在人世行走的洒脱。

在李白的诗文里，可以看出元丹丘并非简单的白身平民，他很可能是官宦之家的后裔，否则不可能有钱修山居，更不可能整天无所事事就只是修道养性，从他后来能给李白介绍的关系看来，他应该是北魏皇族元氏的后人。

李白辛辛苦苦给自己编织出皇族后人的身份,在他的好友那里是水到渠成的事情。

而对于这位最好的朋友,李白毫不吝惜心中情感的表达,他曾经不止一次在诗文里赞颂元丹丘的潇洒自如。

元丹丘歌
元丹丘,爱神仙,朝饮颍川之清流,
暮还嵩岑之紫烟,三十六峰长周旋。
长周旋,蹑星虹,身骑飞龙耳生风,
横河跨海与天通,我知尔游心无穷。

在李白的眼里,他的好友元丹丘是神仙般的人物,因为他做到了李白梦寐以求却无法做到的事情。

在俗世生活里,元丹丘可以舍弃世间的一切。在修道这件事上,元丹丘又造诣极高,拜师当世道教高人胡紫阳,与道教上清派领袖司马承祯亦关系匪浅。

而这两点,李白都未曾做到。

求仕干谒之路他走得极为艰辛,依然一无所获;修道之途只是他干谒失意时候的逃避之径,自然也是毫无建树。

兴许是看出李白的心思并非隐居,尽管李白一直在艳羡着元丹丘的山居日子,但元丹丘显然是懂得李白内心真实想法的。

所谓真正的老友,便是能从你的嬉笑怒骂之中,看出你心里藏着的真实意图。元丹丘之所以能成为李白诗文里出现最多的友人,自然是因为在元丹丘的心里，李白也是无可替代的知己。

在达官贵人看不惯的桀骜不驯里，元丹丘却能知晓李白的赤子之心。在王公贵族蔑视的自身身份中，元丹丘却懂得诗仙内心的赤诚与高贵。

所以李白才会在诗文里毫不保留地将自己对元丹丘的情谊表露：吾将元夫子，异姓为天伦。

在李白的眼里，元丹丘是他的异姓兄弟，是他心里最重要的友人，甚至没有之一。兴许是因为这是自己最好的朋友，李白不愿意让他看见自己干谒之路上的窘迫，所以才一遍又一遍地解释着，说自己不想当官求仕，只是世事所迫而已。

元丹丘自然也明白李白话里藏着的深深失意，所以不论李白多么想要与他隐居于此，元丹丘依然把元演介绍给了李白。

李白这才知晓元丹丘将他从长安城喊到嵩山，要介绍的那位神秘的贵人，是元丹丘的同族元演。

元演的父亲是太原的军事长官，李白一听元丹丘的介绍，心中几乎要奄奄一息的求仕小火苗再次熊熊燃烧起来。

因为元丹丘告诉他，元演此刻正在洛阳，而玄宗皇帝，业已到了洛阳！

三　千里不留行

元演其人,在历史的长河里没有多少浪花,若不是李白,他可能就此湮灭在历史的波浪中。

开元十九年,李白从嵩山出发,前往洛阳,等到达时,已是那年的冬天了。

玄宗皇帝彼时正在洛阳"乞食"。

有唐一代,整个中国的经济重心已经开始南移,粮食产物也以南方为盛,西京长安地处幽闭的关中之地,虽沃野千里,但也架不住长安城百来万人口的消耗。

每年南方各地都要以运河为渠,向西京输送大量的米粮。遇上了收成不好的年份,粮食运输不济,靠天吃饭的八百里秦川,也无法供应如此庞大的人员需求,整个长安城都会陷入缺米的境地,这时候皇帝就需要前往东都洛阳,为长安城减轻负担。

太宗、武则天需要去东都"乞食",玄宗皇帝也无法改变这种现状。这种情况一直持续到裴耀卿改革运输模式、设置隔段运输才解决了实际问题,不过那已经是接近天宝年间的事情了。

此时此刻,玄宗皇帝依然要率领百官和后宫,前往洛阳度过缺粮少食的年景。

李白知道皇帝近在咫尺,但苦于没有引荐路子,只能日日买醉。

好在元演是一个仗义疏财的好友，又和李白一见如故。

李白在度过数年孤苦愁闷的生活后，终于迎来了人生的一段潇洒期。

在他日后回忆与元演在洛阳的日子时，他毫不吝惜自己的笔墨，将那时他与元演的奢华生活尽情书写：忆昔洛阳董糟丘，为余天津桥南造酒楼。黄金白璧买歌笑，一醉累月轻王侯。

有酒喝的日子里，李白便是十分快乐的。对于新认识的朋友元演，他非常满意。两个人相见恨晚，甚至觉得彼此的友谊连海枯石烂都无法改变。

不过元演终究不是像李白一样无所事事，总不能天天喝酒吧，也有李白一个人的时候。

一个人的时候，李白就在洛阳城里到处跑，想着碰碰运气，元演虽然是官宦之家，但要举荐李白还是够呛。

李白清醒的时候，便是他不快乐的时候。心中堵着一口气，想要的始终无法得到。

李白已经在这种痛苦里浸润数十年了，而立之年的他是一件事也没办成。

洛阳城里始终没有机会，他连玄宗皇帝到底还在不在洛阳城都不知道。

郁闷极了，他跑到龙门去散心。龙门的石窟里，无数的工匠忙着凿石造像。李白白天四处游荡，看着工匠们忙忙碌碌，晚上一个人待在旅店里，总是睡不着，睡着了也很容易就被吵醒。

李白一生佩剑，很少离身，半夜不知道为什么，忽然醒来，再也睡不着了，醒了他就握着剑慨然长叹。

> 冬夜醉宿龙门，觉起言志
> 醉来脱宝剑，旅憩高堂眠。
> 中夜忽惊觉，起立明灯前。
> 开轩聊直望，晓雪河冰壮。
> 哀哀歌苦寒，郁郁独惆怅。
> 傅说版筑臣，李斯鹰犬人。
> 欻起匡社稷，宁复长艰辛。
> 而我胡为者？叹息龙门下。
> 富贵未可期，殷忧向谁写？
> 去去泪满襟，举声梁甫吟。
> 青云当自致，何必求知音？

李白是一个不太在乎自己结局的人，他只在乎能不能有一个仕途，然后实现他毕生兼济天下的理想。

所以在诗文的中后段，他甚至羡慕起了下场并不好的李斯。他说傅说、李斯不过也是寒微出身，但都做出了一番事业，而他呢，只能在深夜里强忍着眼泪，不断安慰自己，做一个渴望出仕的可怜人。

可能是这段时间元演也不在身边，让他有了上次在邠州坊州遭遇的那些冷落的心情。

很快，在洛阳待不住的玄宗皇帝出巡去了，李白看着皇帝的车队消失在洛阳城外，心中似有千言万语，却无人倾诉。

此后一年，李白都在洛阳蹉跎，前有仗义疏财的官宦子弟元演是他的莫逆之交，请他吃喝玩乐，后又结识了放荡不羁的同样是官宦子弟的崔成甫，三人在洛阳好不快乐。

且说这崔成甫有多放荡不羁，传说他曾坐在船头，锦衣夜行，身边则是百来位美妇人，一齐唱着他编的歌谣……

崔成甫出自天下第一望族博陵崔氏，其父是有名的崔沔。

崔沔一生刚直，不畏强权，与李白第一次入长安干谒的张说同朝为官，多次在公开场合逆张说而行，表示朝廷百官各司其职，不得一味顺从，惹得张说对他极为不满。

据说刘禹锡的那篇《陋室铭》最初的作者也极有可能是崔沔，毕竟他一生节俭，曾作《陋室铭》是写在史书里的。

这样的人，教出来的儿子自然也是心性坦荡。

崔成甫有这样的父亲，自然不会缺了官做，他考中进士后就被授予了一个小官，只不过各人有各人的心境，各人有各人难念的经。

崔成甫虽是长子，却是妾室所生，他还有个弟弟，才是父亲名义上的继承者。

崔成甫放荡不羁的性子，很可能跟自己的出身有莫大的关系。

不过李白不会在乎这些，他交朋友只有一条就是能不能喝酒。

崔成甫和元演都是海量，有了这两位朋友在身边，洛阳的日子变得阳光灿烂起来。

喝多了的三人对酒当歌，大谈这些年各自的见闻。李白是久漂江湖的人，自然不会少了故事，有酒，就有顶真实的故事。

李白少年任侠的性子逐渐又跳跃在了他的灵魂里，他将这些年在路上的见闻，发生在自己身上或者他人身上，抑或是他听来的故事，添油加醋一番描述。听得元演和崔成甫瞪大了眼睛，生怕错过那些他们这些官宦子弟听都没听过的奇闻。

洛阳城没有皇帝，人们似乎都松了一口气，喝醉了的李白就对着两位朋友吹牛。

结客少年场行

紫燕黄金瞳，啾啾摇绿骢。
平明相驰逐，结客洛门东。
少年学剑术，凌轹白猿公。
珠袍曳锦带，匕首插吴鸿。
由来万夫勇，挟此生雄风。
托交从剧孟，买醉入新丰。
笑尽一杯酒，杀人都市中。
羞道易水寒，从令日贯虹。
燕丹事不立，虚没秦帝宫。
舞阳死灰人，安可与成功。

他诗里写的是他心目中的少年侠客，然而崔成甫与元演都知道，这诗文里的少年，极有可能便是李白自己。

江湖传闻，李白可能在少年时代，比如蜀中的时候，真的做过类似的事情。而好事者更是将他隐居大匡山读书的那几年时间，戏称为躲避官府的追责。

这些事情到底是真是假，只有李白自己清楚了。

可以确认的是，他是极少数在诗文里经常说杀人的诗人，人们将他这些诗文归于他尊崇的那些历史里的侠客们，但李白也许有自己不为人知的经历。

也许，他每次喝醉了写下的那些侠客行的事迹，都是真的。

毕竟那些栩栩如生的事迹，在他的笔墨里仿佛就发生在昨日。而李白的杀人回忆式诗文，往往出现在他最失意之时。

他诗文里的那些侠客，无一例外都是少年，在距离李白与元演相会洛阳的十年后，被赐金放还的李白写下了他最有名的侠客诗文。

侠客行

赵客缦胡缨，吴钩霜雪明。

银鞍照白马，飒沓如流星。

十步杀一人，千里不留行。

事了拂衣去，深藏身与名。

闲过信陵饮，脱剑膝前横。

将炙啖朱亥，持觞劝侯嬴。

三杯吐然诺，五岳倒为轻。

眼花耳热后，意气素霓生。

救赵挥金槌，邯郸先震惊。

千秋二壮士，烜赫大梁城。

纵死侠骨香，不惭世上英。

谁能书阁下，白首太玄经。

多年的干谒浸润,让他逐渐在仕途和修道之外,又有了第三种精神寄托,成为一名侠客。

甚至在求人收留走投无路的自己时,他依然要夸耀自己的行侠记录:托身白刃里,杀人红尘中。当朝揖高义,举世称英雄。

李白为何会选择侠客作为自己的第三条精神出口,司马迁给了我们答案,儒以文乱法,而侠以武犯禁。

李白在最具有束缚性的封建礼教中无法得到承认,毕竟他是商人之子,甚至是罪人后裔。所以他便被周围的那些冷漠和蔑视逼迫着走进了反抗的羊肠小道之上,在那里没有太多的人同行,唯有几个尘世的道友朋友,再多,那就只能是活在过去历史里的那些侠客了。

李白的心里有着深沉的矛盾,他奢望极致的权力,却也在得不到后,想要走到另外一个极端:极致的自由。

实际上,连李白自己可能都不知道,若是抛开时代的束缚和局限,他的潜意识里也许并没有那么热爱仕途。他之所以如此执着,无非那是当世唯一可向世人证明他才情的路途。

至于诗歌传世,那是后来的事情了。

总之,不管怎样,开元二十年(732年)的李白,难得地在洛阳度过了一段较为美好的日子,在两位友人的陪伴下,他似乎真的快乐起来,将过去那些不好的回忆通通都扔到了脑后。然而命运似乎总要跟他开玩笑,在他刚刚获得快乐的时刻,便让秋风为他带去了噩耗:李白收到了许氏的信,他的岳父已于去年病故。

收到信的李白恍惚了好一阵,想了半天,才发觉岳父去世的时候,正是他失意离开长安的时候,冥冥之中,似乎真有一些事情是注

定的。

而就在不久前的几日,他还曾在秋花霜月下散步,听到不知哪里传来的笛声,让许久未回家的他想起远方的妻儿。旧人欢颜,在他的眼前萦绕不去,勾起了他深深的思念:谁家玉笛暗飞声,散入春风满洛城。此夜曲中闻折柳,何人不起故园情。

世事仿佛是阴差阳错的注定,在他失意离开长安时,岳父随之离开了人世,在他闻笛思家时,妻子的信随之而来。

李白收到信,没过多久,他放下洛阳的花天酒地,迅速往安州赶去。

四 落日故人情

洛阳酒肆里,杜甫听着李白说了一夜的老友。

天蒙蒙亮的时候,两个人借着酒意都睡了过去。

梦里,李白忽然梦见了那个人,那个他还没有来得及跟杜甫说的朋友,名为崔宗之的美少年。

开元二十年的秋天,三十二岁的李白急匆匆从洛阳出发,赶往安州的许家。为岳父奔丧已然是来不及了,他要回去安排妻儿的生活。信里,妻子将家人执意要分家的消息带给了李白。

这是要赶他们一家出许府。

岳父还活着的时候,还能压制住家人想要赶走入赘女婿的意念,等老人一命呜呼,许家自然是血缘更接近的亲族说了算了。

许氏几乎是字字泣血,让李白速速归来。

她很少去束缚丈夫,不管他是日夜不回,还是一连多年杳无音信,许氏是封建礼教完美的演绎者,她长久包容的柔软让李白在心底深深地感激着。

只是这一次,实在是无法再让他任性下去,许氏不得已给他写了信。

李白前脚收到信,后脚就朝安州奔去。

他游历在外,是为了拼一份事业,他又不是分不清轻重缓急,此刻求仕干谒都得往后靠了,先稳住一家人的生计才是眼前所急。

他就是在奔走的半道上结识崔宗之的,那是在路过南阳时。

崔宗之便是杜甫《饮中八仙歌》里那位爱喝酒的美少年。

一言以概之,崔宗之长得极为秀美,杜甫在《饮中八仙歌》描述喝醉了的崔宗之:宗之潇洒美少年,举觞白眼望青天,皎如玉树临风前。

玉树临风这个词,就是从这里诞生的,它第一次被用来形容一个人,便是崔宗之。

崔宗之有一个极为有名的父亲,便是一手策划了先天政变,帮助玄宗皇帝稳住皇权的宰相崔日用。

崔宗之还有一个更为有名的家族:博陵崔氏。

博陵崔氏四个字的分量有多重,连皇室都要自叹不如。太宗时代,诏令编纂天下氏族,崔氏名列第一,引得太宗皇帝十分不满。博陵崔氏加上当时其他几个名门望族,并称为五姓七望。

天下王公贵族皆以能娶到五姓女，嫁入五姓家为荣。哪怕有的望族已经好几代无人做高官，天下依然不改嫁娶荣宠之风。

高宗时期，出身寒微的宰相都没办法娶到五姓之女为妻，唐文宗时期更是皇帝都想要把公主嫁给宰相的儿子，结果宰相转脸就让儿子娶了崔氏某个九品官的女儿……

高宗时期为了遏制五姓七望十家的势力，禁止其通婚，其中崔氏独占三家，博陵崔氏便是其中被禁止通婚的一支。

提出这个策略的人叫许敬宗，许敬宗与李白入赘的许家都出自高阳许氏。

李白入赘的这一支尤其显贵，曾经与唐高祖一起打天下。宽泛地说，是李白所属的高阳许氏，遏制了博陵崔氏等五姓七望十家。

崔宗之因为这层关系，又因为父亲崔日用对玄宗皇帝坐稳帝位的巨大贡献，继承了父亲齐国公的爵位，做了从五品的左司郎中，辅佐副宰相处理政务。

这样的家世与入仕的顺利，是李白想都不敢想的白日梦。

李白梦寐以求的中书舍人，也不过比左司郎中稍稍高那么一点点。

李白之所以能认识崔宗之，很可能是因为他们都爱酒。有的人说他们结识于金陵，有的人说他们结识于更早时候的长安，更多的人说，他们其实结识于李白归途中的南阳。

彼时崔宗之正在那里做着无足轻重的小官。

李白是白身，无官一身轻，也一身世俗眼里的"毛病"。崔宗之却不这样认为，相对于元演的官宦子弟身份，崔宗之的文学素养显然更高。于是在关于友人对李白的描述里,崔宗之与杜甫一道,留下了他心目中的李白。

千百年后,我们看崔宗之的《赠李十二白》,依然能在那些字里行间感受到大唐美少年崔宗之对于大眼诗仙的尊崇。

> 赠李十二白(节选)
> 思见雄俊士,共话今古情。
> 李侯忽来仪,把袂苦不早。
> 清论既抵掌,玄谈又绝倒。
> 分明楚汉事,历历王霸道。
> 担囊无俗物,访古千里馀。
> 袖有匕首剑,怀中茂陵书。
> 双眸光照人,词赋凌子虚。
> 酌酒弦素琴,霜气正凝洁。
> 平生心中事,今日为君说。
> 子若同斯游,千载不相忘。

踽踽独行于无奈世间的李白,似乎真的遇上了理解他的人。李白与他说魏晋风骨,汉魏遗风;李白与他讲匡扶天下之道;李白将随身携带的诗文给他看,将藏在袖子里的匕首放在桌子上,讲述其在江湖上那些行侠仗义的日子;李白睁着大而明亮的眸子,一碗一碗与他喝着美酒不停歇;李白与他在南阳城里相遇,短暂相游。

而他懂得李白说的那些天马行空的论调,他明白李白藏在心底的

今古豪侠名士,明君贤臣与壮志,他是能喝酒的人,便自然理解了爱饮酒的李白。

电光石火之间,千里相逢之时,他说与李白相伴游历的那些日子,多少年都铭记心间。

相遇的日子总是短暂的,临走之时,他送给李白一把古琴,大抵是想着不在李白身边的日子,李白也能睹物思人。

后来他们又见过几次,崔宗之扶摇直上,去了长安,临走之前,李白赶了许久的夜路到南阳送他离去。

两个人的友谊在李白风尘仆仆的步伐里尽显,在那首名冠古今的《送友人》里浮现。

送友人

青山横北郭,白水绕东城。
此地一为别,孤蓬万里征。
浮云游子意,落日故人情。
挥手自兹去,萧萧班马鸣。

后世的人一直争论这首名诗到底是李白送别谁时所写,有人说是他人,有人说是崔宗之。

在他的朋友里,能让他如此深情送别的人,一定是他心里非常在意的朋友,对于元丹丘,他写过非常多的诗文。在那些诗文里,李白大多数时候是快乐的,戏谑的,元丹丘是能带给他快乐的老朋友。元演、崔成甫、陆调是能与他一起侠客行,杀身红尘里的慷慨悲歌之士。杜甫是不论他说什么都信他的知己，赵蕤是亦师亦友的忘年交，而崔宗之，是送他古琴的知音。

　　高山流水慰知音，古琴好曲顾旧人。

　　李白一直将崔宗之送他的古琴留在身边，奔波流离那些年也不曾遗失。

　　多年以后，崔宗之被贬谪金陵，李白亦为失落人，他们在金陵一带相遇，两个人同船游金陵城。

　　后来没几年，崔宗之这个人便在金陵城里消失了，不知其所终，无限唏嘘的结局，让人产生诸多遐想。

　　李白也曾想着再去见一见这个当年送他古琴的美少年，终于还是没能找到他。

　　彼时的李白抱着崔宗之送他的古琴，潸然泪下。

　　　　忆崔郎中宗之游南阳遗吾孔子琴，抚之潸然感旧
　　　　　　昔在南阳城，唯餐独山蕨。
　　　　　　忆与崔宗之，白水弄素月。
　　　　　　时过菊潭上，纵酒无休歇。
　　　　　　泛此黄金花，颓然清歌发。
　　　　　　一朝摧玉树，生死殊飘忽。
　　　　　　留我孔子琴，琴存人已没。
　　　　　　谁传广陵散，但哭邙山骨。
　　　　　　泉户何时明，长扫狐兔窟。

玉树临风的少年郎不知所终，徒剩下失意的鬓白老人抱琴相忆。

大唐酒中八仙的玉树临风人，最终消逝于金陵城绵绵细雨中的酒肆里，再也寻不见。

第六章 龙城游

一　我醉欲眠卿且去

岳父去世了，李白这个赘婿也被赶出了许府。

李白只好带着妻子，在许家的一处山田中住下，名为桃花岩，一处破败不堪的房子，几块野田。

为了生计，他也不得不放下身段，开始规规矩矩做一个农夫。

李白多年以来从未有过正经的事业，生活上基本上是靠着朋友的接济，岳父家的补贴，据说他还有两个弟弟在渝州的三峡之间做着生意，兴许也会资助李白。

这段时日李白静下心来，不再唉声叹气，可能是充实的体力活儿让他没有空暇思索那些过去的失意。

在这段时间里，偶尔有友人来访，他也是十分淡定地与对方喝酒，喝完就沉沉睡去，没有怨言，更没有藏在诗文里的求索干谒：两人对酌山花开，一杯一杯复一杯。我醉欲眠卿且去，明朝有意抱琴来。

传闻陶渊明不会弹琴，却有一把没有琴弦的古琴，每当有朋友到来，他就抱出古琴，与人对酌，喝醉了就让人先走。

李白这时候抱着的古琴，应该是崔宗之送给他的吧。

这段时间，他也曾收到过长安城那些当官的朋友寄来的问候，这里面有刘侍御，也有陆调，可能还有坊州的邠州的那几位泛泛之交，他淡淡地给他们回信，告诉对方他现在一切安好，潇洒自如。

> 安陆白兆山桃花寄刘侍御绾（节选）
> 云卧三十年，好闲复爱仙。
> 蓬壶虽冥绝，鸾鹤心悠然。
> 归来桃花岩，得憩云窗眠。

至于别人问他什么时候再来长安，他则毫不在乎地告诉别人。

> 安陆白兆山桃花寄刘侍御绾（节选）
> 独此林下意，杳无区中缘。
> 永辞霜台客，千载方来旋。

他是真的打算在安州的白兆山桃花岩下这几亩薄田里了此残生了吗？

或许，他只是看穿了来自长安城的那些热情，那些热情除了消耗掉他内心的激情之外，其实没有带给他一丝丝的温暖。

倒是这安州山野之间微凉的冬夜里，当他与山中那些山野之人围炉夜话时，反而感觉到团团暖意。

不过安宁的日子很快就结束了，李白始终不是一个安于现状的人，否则他就不可能离家千里之外，从不回去。

李白在白兆山桃花岩没种多久的地，元演和元丹丘就来了。

见到朋友，李白的心情顿时明朗起来，如果说之前是独卧山野的悠闲，现在则是与友人相聚的相谈甚欢。

元丹丘非常懂得李白内心想要什么，见到李白之后，便邀约他与他们一起前往随州，拜会元丹丘的师傅胡紫阳。

耳闻胡紫阳，李白一颗稍稍沉浸的心顿时怦怦乱跳起来。

这是在皇帝面前都有名望的当世名道。胡紫阳是数一数二的高士，弟子遍天下。

而且随州距离安州并不遥远，若是脚程够快，三四天就能到。

李白安顿好妻子，三个人携手前往随州。

与朋友在一起的时候，是他最快乐的时刻。

我们可以说李白是一个对家庭和亲人不太上心的人，他一生都被困在了求仕这条路上，整个人都被那个似乎总能看得见，但又总在最后一刻摸不着的官职所羁绊，一辈子都在与自己想要的东西擦肩而过。

只是那年见到胡紫阳的李白还不知道自己的命运结局，他以为在胡紫阳这里，有元丹丘和元演这层关系，一切会有所不同。

胡紫阳见到天下第一道士司马承祯曾经夸奖过"有仙风道骨，可与神游八极之表"的李白，很快就喜欢上这个后生，将自己的道法悉数教之，李白的修道思想，可能就是在这一次的会面中形成并逐渐发展的。

与李白恰恰相反，胡紫阳一生不爱做官，皇帝好几次诏见，他都以各种理由推辞了，后来在天宝年间，实在推辞不过，也只是匆匆去应付一番，然后又赶紧逃离俗世官场。

逃离官场后没多久，他就去世了。当时的李白正好被赐金放还，还给胡紫阳写了碑文。

不过，那都是多年以后的事了。

在李白与元丹丘、元演拜访胡紫阳的那段时间，李白度过了一生中为数不多的快乐时光。

胡紫阳面子大，又知道李白想要一条干谒之路，便邀请了当地的太守。

四个人谈天说道，论古叙今，李白好谈的性子很快发挥了作用，大家迅速地成为交心知底的人，繁盛的宴席上，大家都放开了胸襟。

  忆旧游寄谯郡元参军（节选）
  银鞍金络到平地，汉东太守来相迎。
  紫阳之真人，邀我吹玉笙。
  餐霞楼上动仙乐，嘈然宛似鸾凤鸣。
  袖长管催欲轻举，汉东太守醉起舞。
  手持锦袍覆我身，我醉横眠枕其股。

在胡紫阳的餐霞楼里，太守跳舞，李白吹笙，喝醉了就躺在太守的身上，太守把自己的袍子脱下来盖在李白的身上。

一切都显得那般自然，既然已经是朋友了，是否就能全心全意地举荐他了呢？

李白总以为是朋友，便不会在乎他的身份渊源，事实是越是知根知底的官场友人，越会避免与他产生官职举荐的瓜葛。

在唐朝，举荐一个身份敏感的人，是会牵连自己的，甚至是身份清白的人，若是日后犯了事，朝廷也会追踪到当初的举荐者，对其一并进行惩戒。

宴会结束了，李白的梦想也落空了。

再好的宴席也有散去的那一天，李白的随州行也结束了。元丹丘要去蜀中，再去看看年少时去过的峨眉山，他邀李白一起，李白却婉拒了好意。

他不愿意这样回去家乡，他心里永远有着一个衣锦还乡的梦，在那个梦实现之前，他觉得自己不应该回去。

况且，回到年少时的家乡，只会让他更加在心里念起曾经想要匡扶天下的大梦。

大梦还未醒，他觉得自己还有机会。只是随州没有机会了，太守愿意和他成为好友，却始终没有对举荐表露心迹。

李白便也懂了，这些年来他也不是一点儿长进都没有，在人情世故方面，他也逐渐明白了不是人人都像他一样有话直叙，大家更多的时候，只是用沉默代替自己的真正心意。

李白也学会了在对方的沉默里不再追寻答案，他已经不是年少时对方拒绝了他，他便要写诗告诉对方莫欺少年穷的那个热血青年了。

他眼看着要奔四十去了，不惑之心已经在他的胸腔开始萌芽。

再后来，元丹丘走了，去往蜀中。

元演不忍心李白就这样毫无建树地回去，便给他指了条路：去干谒不远处的襄州刺史韩朝宗。

对于韩朝宗，李白在南阳遇见崔宗之时，便早有耳闻。

因为韩朝宗曾经举荐过崔宗之。

崔宗之告诉过李白,韩朝宗是一位乐于举荐人才的人,李白本就想要去干谒,此刻有了元演的叮嘱,便欣然前往。

一路上他都在琢磨着怎么写干谒韩朝宗的诗文,前次在安州写给李长史的干谒文,元演看了说过于卑微,恐只能引同情而失品格;又给他看了上裴长史的书,元演又摇头说过于狂放。

这次,李白决定找一个中间点,既夸奖对方,又不过于夸耀自己。

他琢磨了一路,终于写好了干谒文。李白骑在元演送给他的马上,抖落开诗文,越看越觉得满意,这一次,他有十足的把握!

二　一日须倾三百杯

李白的梦想一直是"申管晏之谈,谋帝王之术,奋其智能,愿为辅弼,使寰区大定,海县清一",更直白一点,做宰相,兼济天下。

韩朝宗此刻不过是一个地方官,现在朝里的宰相是优雅天下知的张九龄,以及正平步青云口蜜腹剑的李林甫。

韩朝宗一个老人,早已经在官场边缘了。

深层次的原因在于,韩朝宗从一开始就没有站对队。

当年唐睿宗急于平息朝廷里太平公主与太子李隆基的斗争,想要传位给李隆基。询问韩朝宗意下如何,韩朝宗却说太子还需要再修习品德。

这一句意味深长的话,让韩朝宗免于卷入李隆基和太平公主你死我活的争斗中,却也让后来登基的李隆基一直耿耿于怀。

登基后的李隆基,对于韩朝宗,他一直是用着但又不完全用,只给他一些地方大员做一做,也算是彰显一下明君圣主既往不咎的高风亮节。

韩朝宗也明白自己的位置,基本上一直夹着尾巴做官。

张九龄和李林甫的斗争他也不参与,只是偶尔往朝廷里塞一两个自己看上眼的年轻人,比如崔宗之,比如后来与李白同为饮中八仙、最高做到宰相的李适之。

韩朝宗确实是一位乐于举荐人才的地方官僚,传说李白的好友孟浩然也曾被他举荐,只是孟浩然自己放弃了这个机会。

韩朝宗听说了孟浩然的才情,想要举荐他,结果到了韩朝宗见他那一天,孟浩然却喝多了,当场回绝了前来的使者,这让韩朝宗极为恼火。

不过那都是很后来的事情了,此刻见到李白的韩朝宗,在看了李白写给他的那篇《与韩荆州书》后,并未有任何举动。

他大概是觉得李白这人不靠谱,在那篇后来流传千古、举世闻名的《与韩荆州书》里,李白仍然不肯舍弃自己豪侠的义气,他说自己:十五好剑术,遍干诸侯。三十成文章,历抵卿相。虽长不满七尺,而心雄万夫。一派视王侯将相为粪土而他豪气冲天的模样。

在后面他更是把韩朝宗比作周公,却又以"不以长揖见拒"的平礼相待韩朝宗。

在夸耀对方的角度,对方难免会想"周公恐惧流言日",这是把对方放在火上烤；在抬高自己的时候，他却以平礼见人，难免失了礼节。

从韩朝宗的数次行事看，他的性格大概是比较沉稳内敛的。

李白这些举动和言语，只会让他觉得这是一个冲动的豪侠，一个言语极为不谨慎的狂士。

对于这样的人，韩朝宗是不敢推荐到朝廷里去的，万一李白在朝廷里说错了话，那他韩朝宗还混不混了……更何况，李白自称是陇西人，陇西李氏乃当今皇族，既然你这个李白也姓李，那韩朝宗自然是要想一想，你的李是哪个李？怎么同出陇西，却非皇族旁支？你莫不是在撒谎？冒充皇室那可是重罪。

身份的可疑再次横亘在了李白的面前。

于是，像是从前一次又一次的干谒那样，书沉大海，李白没等多久，就知道了结果不妙。

他不甘心，崔宗之是他的朋友，也能得到韩朝宗的举荐，他觉得自己的才情不亚于送琴给他的好友，李白想不明白其中原委。

他坐在旅店里，日日夜夜地苦等着，希望有一丝半缕的好消息可以到来，时间过得如此缓慢，街上的儿童唱着不知名的歌谣跑来跑去，李白站在窗前，静静地看了一下午。

暮色降临，眼看着夜禁就要开始了，李白却终于按捺不住内心的焦虑和无奈，出门去打酒喝。

店家问他要多少酒，他说先喝醉，再打满酒壶。

酒一杯一杯下肚，人的心里有事，就容易醉。

李白很快就醉了，付了酒钱，扯过酒壶，他醉醺醺地边喝边往旅店摇摇晃晃而去。

孩童们见他摇摇晃晃喝醉了好玩,围着他笑唱歌谣,李白醉眼蒙眬问他们在唱什么歌谣,他们告诉李白歌谣的名字,李白听着孩童的歌谣,忽然跌坐在穿城而过的江水河畔,数十年的干谒无果,那些受过的白眼和蔑视,仿佛在这一刻都汇聚一点,瞬间击穿了他一直故作潇洒的心房。苦苦挨了许久的不平,随着悲哀的歌声穿过暮色,沿着江面传出万里之外,透过时间的障碍,在岁月的史书里留下了一段悲鸣般的歌谣。

襄阳歌(节选)

落日欲没岘山西,倒著接䍦花下迷。
襄阳小儿齐拍手,拦街争唱《白铜鞮》。
旁人借问笑何事,笑杀山公醉似泥。
鸬鹚杓,鹦鹉杯。
百年三万六千日,一日须倾三百杯。
遥看汉水鸭头绿,恰似葡萄初酦醅。
此江若变作春酒,垒曲便筑糟丘台。
咸阳市中叹黄犬,何如月下倾金罍?
泪亦不能为之堕,心亦不能为之哀。
清风朗月不用一钱买,玉山自倒非人推。
舒州杓,力士铛,李白与尔同死生。
襄王云雨今安在?江水东流猿夜声。

一曲悲鸣歌罢,李白握着酒壶,醉倒在了江边的石板上,月亮在这个时候缓缓地跳出远处的山峦,照在大地上,一片皎洁。

李白躺在月光里，沉沉地睡了过去，嘴边还呢喃着"一日须倾三百杯"。

他做了一个梦。

梦里，千折百回的蜀道上，元丹丘正擦着汗水艰难跋涉。李白看见自己忽然从元丹丘身后冒出来，紧走几步追了上去，拍了拍好友的肩膀，两人相视一笑，未做言语，携手朝蜀中而去。

世间的路太难走了，连回家的路也只能在梦中成行。

不过哪怕是片刻的梦中慰藉，李白也非常满足了。月光下，他的嘴角分明浮现出一抹笑意。

他应该是把梦里的归途当真了，所以才有了从梦中延续到现实中月下的笑意。

醒来的时候已经是次日了，山野之城，也没有多少人在意他犯了夜禁，旅店的老板派来的伙计气喘吁吁找到李白的时候，他半个袖子都浸在了江水里。

李白打了个喷嚏，揉揉鼻子，醒转过来，拧干袖子上的江水，问伙计所来何事。

"李夫子，您的信。"伙计恭恭敬敬地递上一封信。

李白打开一看，顿时双眼一亮，急匆匆起身，朝旅店奔去。

三　梦绕边城月

元演写信邀请李白结伴去太原。

或许是因为了解李白的身世，早已预料到李白干谒的结果，或许是元演通过其他关系得知了李白的处境，总之，元演对失意醉江边的李白发出了邀请。

但李白并未急于动身，这一年的李白在江夏一带漫无目的地游历，结识了宋之悌。

在李白的友人里宋之悌并未留下过多的诗文笔墨，然而却是李白人生至关重要的一人。

宋之悌在历史里没有太多的记载，只是说他力大勇武，曾经率领几个壮士，就震住了数百人。

宋之悌的父亲宋令文素来有名望，据说他书、画、力三绝，尤其是力气大，曾经在大庭广众之下扳倒疯牛。

宋之悌最有名的是他有一个哥哥叫宋之问。宋之问是唐时有名的诗人，传说他为了一句"年年岁岁花相似，岁岁年年人不同"而杀死了写下此句的外甥，只为霸占这句诗。

那句写尽千百年来多少游子心境的"近乡情更怯，不敢问来人"，便出自他的笔下。

宋之问这个人虽然文学素养极高，完善和发展了五律七律，可以说是盛唐诗歌的奠基者，但他为官之道却极为投机取巧，趋炎附势。

先是投靠武则天的宠臣，后来武则天被逼退位，势弱了，他也被贬谪边远之地；后来偷偷跑回京城，躲在朋友家里，却听到朋友说要清除武三思，当时武三思还有势力，宋之问找到武三思的政敌，靠出卖友人告密，趋附安乐公主，又扶摇直上了。

再后来玄宗皇帝继位，宋之问作为安乐公主的人，自然不被待见，被赐死在了流放地。

宋之悌因为这个哥哥的缘故，官场的路也一直走得不顺。

这一年李白在韩朝宗这里吃了瘪，在江夏一带苦游，遇上了同样失意的宋之悌。

二人把酒言欢，李白于凄风苦雨中，送别了同是天涯沦落人的宋之悌。在李白的诗文里，他大多数时候都是浪漫无边、穷天极地、手摘星辰、脚踏云端的潇洒之姿。他很少像他的小友杜甫一般在诗文里写悲惨的自我，然而在送别友人的江夏城外，李白却忽然潸然泪下。

　　　　江夏别宋之悌
　　楚水清若空，遥将碧海通。
　　人分千里外，兴在一杯中。
　　谷鸟吟晴日，江猿啸晚风。
　　平生不下泪，于此泣无穷。

他是在哭年老体弱的宋之悌这一去可能再也见不到了，他也是在哭自己三十多年来的碌碌无为，委屈受尽。

那年的秋天，他给在洛阳"乞食"的玄宗皇帝献上了自己从前写的《明堂赋》，在赋中他极力赞美开元盛世的繁华，希望获得玄宗皇帝的青睐。

实际上在那一年，关中因为阴雨连绵，粮食歉收，玄宗皇帝只好带着整个宫廷和官僚机构前往洛阳，希望可以借此减少粮食运输到长安的损耗。

而留在长安城的百姓就没有那么好的运气了，他们只能苦苦挨着，等待日子缓慢过去，希望来年风调雨顺。

然而献赋的结果依旧是无果，李白也不知道自己的赋到底有没有被皇帝看见，他唯一能做的就是等待。

他的一生都在等待，自然也不差这几日的蹉跎。

从暮秋到初冬，冬天要来的时候，他回了趟安州，在那里度过了湿寒的冬日。

一直到次年，开元二十三年（735年）五月，他知道皇帝那边应该是不会有什么消息了，便动身去了洛阳。

五月天光正好，李白抵达洛阳，与元演一同前往太原。

元演的父亲彼时正在太原做太原尹，一方大员，元演又是那么看重他，李白心里悄悄地想着，也许在太原，会有他的位置。

尤其是当他与元演交谈更多，他就更坚信这个结果。

他一路上欣赏着表里山河的壮丽，一边与元演艰难跋涉在太行山脉的羊肠小道上，却一点儿也不觉得辛苦。毕竟，与友人相行，只有说不尽的心里话，哪能顾得上脚下的困顿，那些小道曾经走过多少三晋侠客名士，李白想必是再清楚不过的。一路上二人有说不完的话头，每一个翻山越岭的夜晚，都是把酒言欢、抵足而眠的畅快：五月

相呼渡太行,摧轮不道羊肠苦。

到了太原,元演更是尽显地主之谊,李白也毫不吝惜笔墨,将这一段潇洒不羁的日子写得无比生动。

> 忆旧游寄谯郡元参军(节选)
> 行来北凉岁月深,感君贵义轻黄金。
> 琼杯绮食青玉案,使我醉饱无归心。
> 时时出向城西曲,晋祠流水如碧玉。
> 浮舟弄水箫鼓鸣,微波龙鳞莎草绿。
> 兴来携妓恣经过,其若杨花似雪何。
> 红妆欲醉宜斜日,百尺清潭写翠娥。
> 翠娥婵娟初月辉,美人更唱舞罗衣。
> 清风吹歌入空去,歌曲自绕行云飞。

李白在并州太原待了足足有一年的时间,元演在这期间大费周章,花费巨万,招待李白。

美酒佳肴自然是少不了的,元演陪着李白游览了晋祠,携妓在城中城外到处玩耍,宴会不断。

每每到了深夜还不想散去,这样的日子一度让李白飘飘欲仙,觉得人世间的快乐不过如此。

然而他知道自己此来太原的目的,并非这些莺歌燕舞,莺歌燕舞他一向不缺,如果他愿意,他大可去跟着自己的兄弟做个商贾,美人佳肴自然也就不缺了。

可他不愿意这样做，富贵翁不是他李白的路。

他的路在这天下。

于是他终于在一次宴会上说出了自己心里所想要的，他告诉自己的好友元演，他想要的是什么，这一次，他放低了姿态，也没有再去吹捧对方。

他们是知己，李白知道不需要那些繁文缛节，他们是最了解彼此的人，所以不必绕那么多弯路。

李白也放低了自己的目标，他知道在这边地，没有什么好位置，更不会有什么京城的举荐，他说他只是想要在太原谋一份差事，能让他建功立业。

从前，李白要的都是长安金銮殿里的位置，希望那些地方大员能让他一朝青云直上。

现在他想明白了，对方都不在金銮殿，还怎么将他扶到金銮殿呢？

元演看着李白，实在是不知道该怎么拒绝这位友人。

李白的文采，李白的志向，他都懂得，但他更懂得这边地的险峻和无常。

彼时边疆常有异族叛乱，那真是刀尖舔血的买卖，然而卖命也未必会有好的结果。

元演拿自己的父亲做例子，说他一生为国征战，立了多少功业，却始终回不去长安，被朝廷常年摁在这边塞，那些军中的老兵更是头发都白了，都没办法归去故乡。

大唐玄宗皇帝眼里的盛世，是大唐的子民们用自己的鲜血浇灌而出的带血的牡丹。

看似繁盛,实则处处泣血。

他劝解李白要三思而行,入行伍他是可以在父亲那给他说上话的,但后面很可能就会让他在这边疆蹉跎完余生。那不是他和他的父亲所能决定的,毕竟,连他一直立功的父亲,也没办法轻松调回长安。

李白听明白了元演话里的意思,这边塞的功业之路,不是他想象的那般简单直接。

于是,在太原待了一年有余的李白决定离开太原,写下了一首失意的离别诗。

忆旧游寄谯郡元参军(节选)
此时行乐难再遇,西游因献《长杨赋》。
北阙青云不可期,东山白首还归去。

他借口要去长安献赋,告别了元演,在大唐诗人李白的凄风苦雨中,有很多次这样的别离,一别再见,就是数年间隔,有时候一别,便再也不能相见。

只是他与元演的缘分还未尽,日后他们还会再相见。

大方的元演生怕李白在路上吃了苦,他知道李白向来不怎么在意金钱,更是对身外之物一向轻视,有多少钱就花多少钱,所以一直以来也过得紧紧巴巴。

于是,元演掏了大笔的钱,送给李白,再苦不能苦旅人,何况元演也不缺钱。

李白带着元演送给他的盘缠,还有千金裘、五花马,怀着再一次的失意,惜别友人在次年的春天,离开了太原西行。

然而他的归意实际上在去年秋天的时候就已经萌生了,在得到元演的规劝后,他在早秋的太原城漫无目的地游荡,曾经透露过自己想要离开的心情,毕竟,他又失败了。他的人生就是一个失败接着一个失败,他早已习惯了,更何况这次还是好友的好心规劝。但既然这里无出路,他便已经没有了待在这里的理由,再好的宴席也有散掉的那一天。在一个早秋的清晨,李白心里的归意如霜,丝丝泛起。

太原早秋
岁落众芳歇,时当大火流。
霜威出塞早,云色渡河秋。
梦绕边城月,心飞故国楼。
思归若汾水,无日不悠悠。

元演又留了他一个冬季,大概是用春日好行路的理由劝他留下的。到了来年春天,李白沿着汾河而下,离开了太原。

至于他到底有没有去长安献赋,后来的人并未在李白的诗文里寻到任何去往长安的蛛丝马迹。

毕竟对于当时的李白来说,去年才献,无果。此刻又有什么必要再献呢?

文章写得再好,还有元演父亲的功业厉害吗?他都不行,自己又折腾个什么劲头呢。

还是回家吧。

不论这世间的事情多么不尽人意,安州山野里的那片屋舍,始终都是他心里最后的避风港。

那里有温柔的妻子,有咿呀学语的孩子,还有他新开的几亩薄田。

也许他真的只能这样怀着不如意的郁结过完自己的一生,也许这样的一生也没有什么不好,只要他能在内心说服自己放下。

开元二十四年(736年),这一年,李林甫终于升为中书令,成为大权在握的宰相级人物。他处处布局,口蜜腹剑,用最阴柔甜蜜的话语,行最阴险毒辣的倾轧之术,终于在知天命之年登上了相位;也是在这一年,还在幽州节度使张守珪手下当部将的安禄山与契丹作战,战败,按律当斩。宰相张九龄时在朝堂,坚决要斩杀安禄山,甚至说下此人必乱幽州的预言。然而玄宗皇帝依然觉得安禄山乖巧憨厚,罪不当死,遂赦免了他;这一年,杨玉环已步入玄宗皇帝的儿子寿王府邸,正式成为玄宗皇帝的儿媳寿王妃。

李林甫,安禄山,杨玉环,这一年诸多变化,皆关于大唐将来的命运,倾向繁华盛世的背面。

也是在这一年,离开太原的李白做了两件事,从安州搬家到了鲁郡任城,可能是在安州被许家排挤,可能是得罪了当地的长官,也可能是因为鲁郡有相识的族人,总之李白离开了安州。安州高卧十年一梦,这一年,梦终究要醒了。

举家搬迁的路途遥远而又艰辛,三十六岁一事无成的李白看着奔波劳碌的妻子儿女,终于明白了什么叫颠沛流离。

好在终于还是抵达了任城,风尘仆仆之下,总算又安了家。

在举家迁往任城不久,李白就离开了家,去往嵩山拜访元丹丘,元丹丘像从前无数次那样,神秘兮兮地告诉他,有一个高人,在他家等待李白前来相会。

他告诉李白,这人一门三相,十分尊崇李白的诗名,迫切地想要认识他。

李白于是千金裘,五花马,行在去往嵩山的官道上。

一路上,李白都在想象着元丹丘所说的这位一门三宰相的神秘人。

四　黄河之水天上来

安州待不下去了,李白变卖了屋舍薄田,举家迁往鲁郡,然而鲁郡任城也不是那么容易就住下的。

李白所在的任城,距离曲阜孔氏并不远,鲁地自古至今就是儒学为盛,离经叛道的李白自然引起了本地不少儒士的反感。

他们觉得一个商人的后代,天天招摇过市,一会儿说自己是陇西李氏,攀龙附凤说自己是皇室后裔;一会儿说自己本家金陵,世代为官,只是近世才稍稍远离宦海。

他们更看不惯每天醉醺醺高歌、仰天长啸的李白。

他们对于李白只有一个想法:你一个身份不清不白的人,靠着几首小诗小调得了些虚名罢了。

他们觉得李白这种人,就只能是他们言语里嘲讽的外乡人。

李白一生豪放，剑术高超，对朋友从来是"托身白刃里，杀身红尘中"，也曾仗剑天涯，"十步杀一人，千里不留行。事了拂衣去，深藏身与名"。

他还从没有遇见过鲁郡的腐儒，对于这群人，他是陌生的，他以为这种人已经湮灭于古老的史书里，然而刚到鲁郡，屁股还没坐热，就被老头子们嘲讽了。

李白从未想到自己被达官贵人蔑视，被干谒的那些权贵无视，被长安城的五陵豪欺辱，竟然还能被一群学儒的老头子给笑话。

对于李白的到来，他们明显是不欢迎的，故意询问李白为何不去走仕途，却要来他们这鲁地！

李白自然也听得出那话里的意思，可也没办法说自己是在长安干谒无果，安州又待不下去，只好嬉笑怒骂，说自己是来鲁地学剑的。

五月东鲁行答汶上君（节选）
顾余不及仕，学剑来山东。
举鞭访前途，获笑汶上翁。
下愚忽壮士，未足论穷通。
我以一箭书，能取聊城功。
终然不受赏，羞与时人同。
西归去直道，落日昏阴虹。
此去尔勿言，甘心为转蓬。

李白故作轻松地与笑话自己的鲁地老儒嬉笑怒骂，最后甚至孩子气似的说你别管我,我想去哪儿就去哪儿。

语言是黄金亦是刀子,能捧人也能杀人,流言蜚语像是片片刀叶,在刚到鲁地的李白身上上下翻飞,试图刮下点肉来。

李白骂完了还不过瘾,又大骂特骂了一首《嘲鲁儒》。

嘲鲁儒
鲁叟谈五经,白发死章句。
问以经济策,茫如坠烟雾。
足著远游履,首戴方山巾。
缓步从直道,未行先起尘。
秦家丞相府,不重褒衣人。
君非叔孙通,与我本殊伦。
时事且未达,归耕汶水滨。

李白说他们只会读死书,朝廷早就看透了他们的迂腐无能,再也不会给他们机会,最后毫不客气地让对方哪里来的哪里待着去。

你要笑话我?不好意思,老子不忍了。

老子忍天忍地忍这个忍那个,举家来此,又没碍着谁,平白无故被你们一帮老头子劈头盖脸就是一顿嘲讽,这能忍?

是可忍孰不可忍!

李白轻飘飘地挥一挥衣袖,将鲁儒的白眼挥出九霄云外,高高兴兴地推门而出,骑着他的五花马,披着他的千金裘,朝嵩山而去。

元丹丘已经备好了酒宴,封存了数十坛上好的醇酒,备好了上好的山珍海味,就等李白踏入颍阳山居的柴扉。

早已在此地等待多时的岑勋,拉着李白的手,三人相携而入屋舍。

开酒,上宴席,没有过多的言语,唯有清风山月的悠然,唯有眼前真挚情感的迸发。

元丹丘淡淡地将那位神秘人岑勋的家世一一道来,原来岑勋家族当真一门三相,显赫一时,只是到了岑勋这一辈,却偏偏爱上了闲云野鹤。

元丹丘或是无意,或是有意,他介绍给李白的朋友,每一个似乎都离开了俗世的纷扰,似乎也在暗示着李白也应该放下心中的执着。

所谓旁观者清,这些年里,元丹丘是看到了李白故作潇洒的表象中深藏着的郁郁寡欢的。

他可能只是想要李白真的能开心一点,放下心中那些执念,所以才将这些名门将相的后人介绍与他。

似乎在无声地告诉李白,功名利禄不过是过眼云烟,眼前的青松明月,把酒言欢,才是一个人生于天地间最真实的感受。

除此之外,一切都是虚妄。

李白其实又何尝不懂元丹丘这些年藏在细微处的担忧和关怀。于是他决定不再执着,开元二十四年的秋天,在友人的颍阳山居里,李白酩酊大醉,至少在那一刻,他似乎真的决定放下心中的执念,放下蜀中干谒时气愤地发下的大愿,放下金陵城里的荒唐,放下安州低眉顺眼的干谒与无数次的无视或轻视,放下长安城里的恩怨,不再一遍遍逼着自己不断写下那些自己事后看了都会脸红的干谒诗文;放下心中那些不切实际的幻想和奢望。

既然一切都放下了,那就喝酒吧,那就让那些不快乐的记忆都消散在不知名的岁月角落里吧,唯有此刻的美酒和友人,是世间最真挚的存在,唯有饮者的快乐,才是人生而为人的意义。于是李白一生中最重要的杰作之一,诞生在了山间明月,诞生在了河畔小小的山居里,诞生在了友人的推杯换盏之中,诞生在李白仰头喝尽杯中物时,眼角滚落的滚烫的泪水中。

将进酒

君不见,黄河之水天上来,奔流到海不复回。
君不见,高堂明镜悲白发,朝如青丝暮成雪。
人生得意须尽欢,莫使金樽空对月。
天生我材必有用,千金散尽还复来。
烹羊宰牛且为乐,会须一饮三百杯。
岑夫子,丹丘生,将进酒,杯莫停。
与君歌一曲,请君为我倾耳听。
钟鼓馔玉不足贵,但愿长醉不复醒。
古来圣贤皆寂寞,惟有饮者留其名。
陈王昔时宴平乐,斗酒十千恣欢谑。
主人何为言少钱,径须沽取对君酌。
五花马,千金裘,呼儿将出换美酒,与尔同销万古愁。

一切仿佛都释然了,那一刻,他真的不再恨某个人、某件事,一切的不公和无奈,都在酒水里消融殆尽了,唯有随着清风遨游太虚的自在，唯有与友人自洽的相处。

三十六年尘与土，所有的不安与委屈，失意与郁结，都在此刻随着清风消逝，随着滚烫的泪水，流出幽深的心田，消失不见。

那一年秋天，喝过了这场酒之后的李白，不再干谒他人，自开元二十四年的秋天到开元二十八年（740年），这几年的时间里，李白游鲁地，游宋梁，游吴地，又回了几次金陵扬州，去曾经的酒肆喝得大醉，也许还碰上了当年他接济过的落魄公子。

他与元丹丘说道教真律，在各地与知名的或者不知名的友人相遇、送别，还与王昌龄偶遇，写下了后世名闻天下、传诵千古的送别诗文。

闻王昌龄左迁龙标遥有此寄
杨花落尽子规啼，闻道龙标过五溪。
我寄愁心与明月，随君直到夜郎西。

他到处游玩，潇洒得很，似乎真的放下了仕途的枷锁。

这几年里，一代名相张九龄病逝了，他最爱的孟夫子也因为旧疾复发病逝了，朝堂里李林甫大权在握了，李亨终于被立为太子了（也便是后来的唐肃宗），杨贵妃也开始进入玄宗皇帝的视野之中，安禄山更是扶摇直上了。

整个大唐米贱酒丰，路不拾遗，一切似乎都在向着这盛世的最高峰全力冲去，想要将开元最璀璨的光芒，最后一次在世人面前耀眼绽放。

李白躺在烟花三月的扬州，醉眼蒙眬地看着世间的一切在眼前缓缓流淌，就在他以为自己就要如此度过这失意而又无奈，终于放下执念而满足于醉生梦死的游历人生时，从任城传来了妻子许氏病故的家书。

收到家书的李白恍惚了很久，呆立在杭州的旅店里久久回不过神来，等到他真的意识到自己失去了妻子，已经是在赶回家的半道上了。

已经步入不惑之年的李白，骤然失去了十几年来默默陪伴在身边的妻子，他一路上都在极力回忆着许氏的音容，然而记忆中温柔而又美丽的女子，似乎总是微微皱着眉头，李白无论如何也想象不到她快乐的笑容。

然后，泪水忽然就模糊了李白的双眼。

他这才如大梦初醒，明白自己辜负了妻子。

然而，一切已然来不及了，李白能做的，就是赶紧赶回家去，照顾妻子留下的两个孩子。

第七章 谪仙人

一　抚背复谁怜

对于许氏的具体逝世日期，已经没人能说清楚了。大概是在与李白共同生活十年出头，许氏就离世了。

她只是一个诗人的妻子，如若不是李白，她应该会彻底湮灭在历史的尘埃里，也是因为李白，这世间稍稍遗留了一些关于她的、难辨真伪的传闻。比如传闻中，她与李白有两个孩子。一女一儿，大女曰平阳，小儿曰伯禽。

伯禽是周公的孩子，平阳是汉武帝时期的公主姓名，从这些名字，也能大抵看出李白内心的愿望。

他希望自己是周公那般辅佐帝王的名臣，他希望自己的孩子可以富贵荣华。

然而因了李白一生并未有正经的官身，更没有像王侯将相那般影响过历史的走向，所以正史对他的记载乏善可陈，仅凭着才名硬生生在青史中留下了名篇佳句。那么对于他家世后人的记载就更少得可怜了。

他更多的事迹来源于后世的传闻，身边友人为他写下的逸事，以及他自己诗文里的自述，最多再加上后世学者们孜孜不倦地在历史缝隙中考据出的蛛丝马迹。

最后，因为李白的后代亦没有官身，很快就消失在了历史的长河里。

不过，在后世人的共识里，大多数人认同他有一女一儿。女儿嫁人没多久就离世了，儿子平安长大，生下了一男二女三个孙辈。

不得不承认，李白是一个对家庭不大重视的人，这可能跟他的性格有关，毕竟，他对自己的双亲都没有多少的诗文留世，只是零星提及过父亲对自己童年的教导，便再也没有了。

反倒是对妻子，他有不少的思念之诗，对孩子，亦有舐犊之情。

游历在外求官的孤寂岁月里，他经常会想起自己的一双儿女。当他失意落魄时，也曾在凄风苦雨的游历旅途中一次次想起孩子，担忧着他们的生活，想象着孩子们看不见他时的伤心。

> 寄东鲁二稚子（节选）
> 娇女字平阳，折花倚桃边。
> 折花不见我，泪下如流泉。
> 小儿名伯禽，与姊亦齐肩。
> 双行桃树下，抚背复谁怜？
> 念此失次第，肝肠日忧煎。

他也曾在被天子召见，临要出门时，得意扬扬地描述着与孩子们嬉戏的场景。

> 南陵别儿童入京（节选）
> 白酒新熟山中归，黄鸡啄黍秋正肥。

> 呼童烹鸡酌白酒，儿女嬉笑牵人衣。

也曾在外游历送友人回鲁郡时，叮嘱对方路过他家时，一定要去帮忙看看他的孩子，他怕孩子有他在外所不知的意外发生。

> 送萧三十一之鲁中，兼问稚子伯禽（节选）
> 我家寄在沙丘傍，三年不归空断肠。
> 君行既识伯禽子，应驾小车骑白羊。

你认识我的小孩伯禽，你看见他的时候，他应该正在驾着小车玩耍吧！

父亲对于孩子的爱意，向来隐蔽而不善言表，李白是情感豪放的人，为数不多的诗文里，他对孩子每每流露出了深沉的爱意。

然而不得不承认，就现存的诗文来看，对于一双儿女，李白实际上留下的诗文并不多，他把几乎所有的才情与热情都留给了朋友，以及心中的那个理想，那么对于身边最亲近的人的情愫，也就只能是他极度郁闷或快乐时的点缀。

但我们并不能据此判断他对自己的孩子没有父爱。

在封建礼教的束缚里，作为父亲的角色，人们很少肆意表达自己对孩子的情感。而李白所留下的为数不多关于孩子的诗文里，孩子总是出现在他最极致的情绪里。当他失意落寞时，他幻想着孩子对他的依靠和思念；当他一朝青云起，就要陪伴君王侧时，他写的是孩子快乐地围绕在他身边的模样。

在孩子的眼里,他是常年漂泊在外的父亲,只是偶尔才回来数月,其间大多数时间也是醉醺醺的。

然后在某一天的清晨,当他们睁开眼,会忽然发现父亲又云游四海去了。

他们只好与母亲许氏相依为命,在他们的记忆中,父亲的样子永远蒙着一层薄纱,忽隐忽现。

许氏的亡故,让向来潇洒的李白一下子跌进了父亲的角色里。

他一向不会照顾孩子,自然是手忙脚乱。来不及追思许氏,孩子们急需人照看的窘境让李白没办法去考虑更多的事情,为了让孩子有个安稳的生活,他很快又在鲁地找了一个刘氏妇人,据李白后来的友人回忆,他们是合于鲁,并不是嫁娶。合,搭伙过日子而已。

所以有理由怀疑,李白这次并未与刘氏成婚,只是搭伙。

然而刘氏并非许氏,对于李白的穷困潦倒,她表现出极大的厌恶,气得李白发牢骚写下:

雪谗诗赠友人(节选)
彼妇人之猖狂,不如鹊之强强。
彼妇人之淫昏,不如鹑之奔奔。

后世的人还有一种意见,说这里的妇人并非刘氏,而是暗指杨玉环。

不论是暗指谁,总之,李白在鲁地为自己的孩子找了个后妈,这位后妈看不上李白的穷酸潦倒是确定无疑的。

李白在后来得到天子召见时,曾经得意扬扬地嘲讽过刘氏。

南陵别儿童入京（节选）

会稽愚妇轻买臣，余亦辞家西入秦。

仰天大笑出门去，我辈岂是蓬蒿人。

李白在面对刘氏的嘲讽时，用了买臣愚妻的典故。

据《汉书》记载，朱买臣曾经家贫，砍柴为生，妻子嫌他穷，就和离了。再后来买臣当了官，又遇上妻子，妻子羞愧难当，自尽而死。

不过能找到一个妇人照看孩子，李白已经十分满足了，刘氏对他看不上眼就看不上眼吧，只要孩子有人照看就行。

这个家不再是许氏所在时那般安详和谐，取而代之的是刘氏整天的恶语相向。李白在家里待不下去的时候，就去造访友人，与当时在鲁地的孔子后人孔巢父，以及韩准、裴政、张叔明、陶沔等隐居在一起，时人称他们为竹溪六逸。

他们都是旷达之人，在此期间纵酒相娱，互赠诗文。

许氏离去所带来的悲痛，在隐逸的日子里逐渐淡去。

刘氏最终离开了，李白似乎又找了个邻女来照看孩子，对此，他并未留下什么诗文。

关于孩子，他是毫无经验的父亲，对于已故的许氏，他是未尽到职责的丈夫，对于他自己，他是从未达成所愿的失意人。

多年以后，李白的女儿在嫁人不久后就去世了。

剩下一个儿子，娶妻、生子，李白为儿子奔走谋事，找了个糊口的活儿，但并未留下只言片语，想来也不是什么能拿得出手的生计。

又很多年后，李白当年好友范伦之子范传正，因尊崇而寻访李白的孩子，最终只找到两个农妇。

她们是李白孩子伯禽的孩子，两个人被找到时正在农田务农，已完全看不出当年诗仙身上的风采。

然而一答话，又依然是"进退闲雅，应对详谛，且祖德如在，儒风宛然"，仿佛又在她们身上看到了当年李白的些许模样。

二人说父亲伯禽还有一个儿子，可惜云游四方不知所终。

范传正不忍看到诗仙后人如此落魄，想要为他们介绍士人子弟改嫁，却被拒绝。

她们已嫁作人妇，不忍再嫁，坏了祖父"安能摧眉折腰事权贵"的傲名。

她们可能并未得知李白曾经的那些干谒求索，也许她们都不晓得那些传诵天下的太白诗句里的意思。

她们只是依靠着非常质朴的情怀，想象着李白当年的风采。

然而开元年间的李白并未像他未来的两个孙女打定了主意"安能摧眉折腰事权贵"，时间来到了741年，开元这个年号的最后一年。

大唐的版图在这一年几乎达到了最盛，安禄山已经做了节度使。

次年，玄宗皇帝大赦天下，改元天宝元年。

那时在外游历的李白，又开启了新一轮的干谒求仕，他放下的执念再次被捡起。

面对许氏的离世，他那几年经历了太多情感的困境和生活的挫折，他所敬爱的孟夫子孟浩然，也在这两年间离世了。

他和孟浩然共同的好友王昌龄路过襄阳，久病卧床终于好转的孟浩然一激动，就多喝了几杯，多吃了些山珍海味，旧疾复发，病来如山倒,很快就离世了。

从此再无"春眠不觉晓",也再没有"气蒸云梦泽,波撼岳阳城"了,玄宗皇帝也不用在心里嫉恨着孟浩然写诗讽刺他的不识人了,再也没有"风流天下闻"的孟夫子了。

也许正是这些困苦与无常,才又让李白重迈干谒的脚步,也许正是这些熟悉的友人的忽然离去,让李白再次明白光阴似箭,一切都该遵循自己的内心,不应为外物所扰。

他心里那个执念其实一直都在,于是他便再次上路了。至于如宿命般紧箍在他头上的出身,那是他无法改变的过去,但他可以向前,一直向前。

宿命是没有勇气反抗命运的弱者的借口,真正的强者可能会偶尔退缩,但最终,他会遵循内心那个向前的声音,一直到生命的终结!

天宝元年,再次在干谒的路上出发的李白,得知了一连串的好消息,他得知元丹丘、胡紫阳等数位道友已被朝廷征召,与他同游的吴筠亦被皇帝征召。

玄宗皇帝在天宝元年为这些道士留下了诸多职位,希望在帝国的中枢,这些道士能为他的天宝元年增添一抹盛世的风采。

李白隐隐觉得,自己的好运气,就要来了。

果不其然,刚刚游历归家的李白,踏进家门那一刻就收到了朝廷的征召,李白愣了许久,两个稚子拉扯着他的衣服摇摆,才让他回过神来,他忽然仰天大笑。

这一年,李白已经四十二岁了,距离他出蜀地游历天下,干谒求仕,已经二十年过去了。

二十年里的漫长与艰辛,犹如南柯一梦;无数次失意失落时感慨的难于上青天,忽然平步青云;大道如青天,我李白也出得!

他这个朝晨还在山野间的蓬蒿人,就要暮登天子堂了!

二 莫愁前路无知己

自天宝元年的夏天,到天宝三载的夏天到达洛阳与杜甫相会,李白只在长安待了不到两年时间。

这期间,他也从玄宗皇帝亲手调羹的御前红人,慢慢变成了玄宗皇帝疏远的"非廊庙器"。

李白怀着无限的委屈与怨恨,离开了他毕生都梦寐以求的金銮殿。

天宝三载的夏天,李白与杜甫在洛阳酒肆纵酒相谈,李白知无不言,将他这么些年的游历一一告知。

听完李白的讲述,杜甫长叹一声,心有千千结,却无从诉说。

相对于李白蜀道般艰辛而又奇峻的半生,他的人生显得乏善可陈,他不过才三十出头,还没有过多的苦难和委屈足以诉说,他所有的委屈不过是因为李林甫的作梗而名落孙山,但这相较李白的干谒困苦显得那么不值一提。

所以他只能和李白谈一谈自己从前写过的诗文。

彼时杜甫已经写出名垂青史的名诗《望岳》。

望岳

岱宗夫如何，齐鲁青未了。

造化钟神秀，阴阳割昏晓。

荡胸生层云，决眦入归鸟。

会当凌绝顶，一览众山小。

李白极为喜欢杜甫这首诗，觉得他年岁虽小，却已经隐隐有了吞吐天下的气势，假以时日，定能为这天下做出一两件足以改变大势的事情。

后来的我们都知晓了，杜甫并未能改变当时的天下，但却为后世留下了"诗圣"的宝藏。

李白亦未能超越时间的长河，参透出彼此命运的失意。

他们一生追寻的东西，其实都不曾真正握进手里，然而正是因为这种种的失意，才成就了他们诗仙诗圣的名头，成为大唐天空中永远璀璨闪烁的星辰。

不过当时的李白和杜甫已暂时将功名利禄抛诸脑后。

其时的李白刚刚被赐金放还，杜甫则因为长辈的病故而心绪不宁。

天宝三载洛阳酒肆的相遇，让他们二人都短暂地脱离了世俗的束缚，暂时忘却了俗世的种种不如意，于杜甫，他一睹大唐诗仙的风采，此后的很多年，都念念不忘；于李白，四十多年的人生里，他终于遇见了一个可以毫不顾忌想说什么就说什么的人。

他们的相遇，是彼此一生中都很难再遇的缘分。

正如闻一多先生所言，这是中国历史上最重要的两次会面之一，第一次是孔子见老子,第二次便是此行。

而这一次的相遇,实际上是三人行,这第三位人物,在后来倒是真的改变了天下。

他就是高适。

就是那个写出"莫愁前路无知己,天下何人不识君"的边塞诗人高适。

彼时的高适,已经在梁宋一带高卧数年,与李白不同,仕途不如意的高适彻底放弃了这条路,用时髦的话来说就是,躺平了。

高适是河北人,高适的外祖父是陪葬乾陵的将军,到了他父亲这里,曾经做过韶州长史。高适根正苗红,出身虽比不上城南韦杜去天尺五的杜甫,但也算世代官宦之家了。

高适与李白的经历很像,年轻的时候离开家乡,客游长安,仕途失意,后来他便在梁宋一带住着,一下子就住了十数年。

在历史中,高适这些年的行踪不是那么清晰,直到李白的到来,高适像是一潭静水的生活忽然被投进了一块石头,泛起丝丝涟漪。

至于他们确切相遇的时间,那是没有的。我们只知道他们大概在天宝三载这一段时间相遇了。

李白从长安离开,带着一身的失意,带着天子给的黄金,来到了洛阳,先遇杜甫,再遇高适。

第一次洛阳会见很快别离,杜甫要回去为长辈奔丧,李白便回了趟任城的家。离别之前,二人约好等手上的事情忙完,便再来相聚,把酒言欢。

很快,他们就再次见面了。

这期间，受到李白修道的影响，杜甫也对修道访幽产生了兴趣，二人于是去访当时有名的隐士范十。

杜甫和李白不约而同都写下了诗文，来记载这一次寻访，在杜甫的诗文里，李白是情同手足的朋友，他们甚至共盖一条被子，彻夜长谈。

> 与李十二白同寻范十隐居
> 李侯有佳句，往往似阴铿。
> 余亦东蒙客，怜君如弟兄。
> 醉眠秋共被，携手日同行。
> 更想幽期处，还寻北郭生。
> 入门高兴发，侍立小童清。
> 落景闻寒杵，屯云对古城。
> 向来吟橘颂，谁与讨莼羹？
> 不愿论簪笏，悠悠沧海情。

而在李白对这次寻访的诗文里，却依然显露出对于前途的担心和忧愁。

> 寻鲁城北范居士失道落苍耳中见范置酒摘苍耳作（节选）
> 雁度秋色远，日静无云时。
> 客心不自得，浩漫将何之？

他与杜甫一起相游，看见眼前落寞的秋色，心情很难好起来，不知道前路该去哪里。

好在，忽然想起了此处的隐士范十，于是打算去寻找他，昏暗低落的心绪一下子高涨起来，于是策马扬鞭，与杜甫一起前去寻访。

寻鲁城北范居士失道落苍耳中见范置酒摘苍耳作（节选）
忽忆范野人，闲园养幽姿。
茫然起逸兴，但恐行来迟。
城壕失往路，马首迷荒陂。
不惜翠云裘，遂为苍耳欺。
入门且一笑，把臂君为谁。
酒客爱秋蔬，山盘荐霜梨。
他筵不下箸，此席忘朝饥。
酸枣垂北郭，寒瓜蔓东篱。
还倾四五酌，自咏猛虎词。
近作十日欢，远为千载期。
风流自簸荡，谑浪偏相宜。
酣来上马去，却笑高阳池。

在他们的诗文里，依稀可以看到当时二人心境的不同。杜甫还年轻，还有一个做官的父亲可以依靠，还没有儿女的牵扯，还是刚三十岁出头的意气风发人，所以他更在乎当下的感受，对朋友更是不吝赞美。

所以他起笔就夸了李白。

而此时此刻的李白，早已不是刚出蜀地那个一腔热血、三十万金散尽、接济落魄朋友的青年李白了。

这一年他已经四十五六岁了,早已到了不惑之年,所谓的热情也在二十多年的干渴中耗尽。对于朋友,他已经不像从前那般掏空自我,他明白了人与人之间,或许真的该有一些距离,所谓不期望,便没有失望。

所以他见秋色而写前路渺茫,见友人而写相处的烦琐细节,他关心的是很小的东西,比如吃的什么蔬果,友人问他身上的苍耳哪里粘的……

李白心中的忧愁藏在了这些琐碎的生活细节里,他越是关注细碎的美好,越是证明了内心的脆弱已经抵达极限。

他像是一个身怀绝技出门冒险的孩子,以为世间的一切都可以凭借自己的能力唾手可得,然而等他去了世间,才发现那里自有一套它的规矩和牢笼,他身怀的绝技成了他痛苦的源泉,因为在门阀林立的宦海,没有背景的才华是最无用的绝技。

那时,与李白一起游历梁宋鲁地的杜甫还年轻,他还未成为日后忧愁满身的诗圣,他距离"庭前八月梨枣熟,一日上树能千回"的少年时期并未多远,他此刻还是那个"会当凌绝顶,一览众山小"的狂傲杜甫,他还是那个俊逸不羁、快意江湖的杜子美。后来的很多年,杜甫回忆起年轻时候的自己,依然是一副鲜衣怒马少年时的模样。

壮游(节选)

往昔十四五,出游翰墨场。

斯文崔魏徒,以我似班扬。

七龄思即壮,开口咏凤凰。

> 九龄书大字，有作成一囊。
> 性豪业嗜酒，嫉恶怀刚肠。
> 脱略小时辈，结交皆老苍。
> 饮酣视八极，俗物都茫茫。
> 放荡齐赵间，裘马颇清狂。
> 春歌丛台上，冬猎青丘旁。
> 呼鹰皂枥林，逐兽云雪冈。
> 射飞曾纵鞚，引臂落鹙鸧。

所以此时此刻，如此肆意昂扬的杜甫，想着的只是与谪仙人一起快意恩仇，闯一闯李白所说的那个杀身成仁的江湖。

他也没有李白的那些经历，尽管听李白诉说了这些年的点滴，但他不可能完全理解李白对于前途忧心忡忡的心绪。

没有一个人可以完全理解另外一个人，杜甫兴许是最理解李白的人，但他依然无法抵达诗仙内心最深处。

所以杜甫才在诗文最后说"不愿论簪笏，悠悠沧海情"，兴许是在范隐士的家中，李白谈论了过多仕途上的东西，杜甫才不得不如此说道，不要再说那些仕途了，让我们尽情沉浸在友人相聚的欢乐中吧。

再后来，高适出现了，年轻的高适文武双全，几年后他将在长安进士及第，十多年后，他将赌对太子李亨可以重整安史之乱的乱局，毅然千里奔行，加入登基后的唐肃宗麾下，参与平定安史之乱，官拜侍郎，册封渤海县侯。

所以我们可以想象,高适是个十分聪明,性格强悍,且眼光独到的人,后世的诗人身份只是他众多身份中的一个。

彼时,高适还是一介白身,与李白一样,是十足的失意人,于是二人自然惺惺相惜。杜甫则向来结交苍老,也能跟他们说上话,三人结伴而行,自然是有着说不完的话。

他们在梁园玩耍,去梁园的台上设宴声色;他们纵马而行,狩猎于沼泽荒野之中。

秋猎孟诸夜归,置酒单父东楼观妓(节选)
骏发跨名驹,雕弓控鸣弦。
鹰豪鲁草白,狐兔多肥鲜。
邀遮相驰逐,遂出城东田。
一扫四野空,喧呼鞍马前。

李白生动地将三人携手而行,纵马狩猎的场景写下,豪情万丈,似乎在与高适和杜甫的游猎中,将宫中只能束手束脚等待的日子的郁郁寡欢一扫而尽。

整个秋天,他们三人都在游猎宴会中蹉跎着无所事事的人生。

关于这段游猎生活,杜甫也一直记得,也曾写下类似的诗文,描绘着狩猎伴游的快意。

赠李白
秋来相顾尚飘蓬,未就丹砂愧葛洪。

痛饮狂歌空度日，飞扬跋扈为谁雄。

很多年后，李白和高适早已离开这个人间，杜甫也垂垂老矣，当他回忆起曾经三人游的日子，才明白当时李白狂傲不羁、仰天大笑、深夜醉眠背后那些点滴的心绪，是何等忧愁不安。

那时候杜甫相继写下好几首回忆自己一生的诗文，几乎都提到了昔年与李白、高适相游的时光，只是那时候，他的诗文里已是无限感慨。

遣怀（节选）
昔我游宋中，惟梁孝王都。
白刃雠不义，黄金倾有无。
杀人红尘里，报答在斯须。
忆与高李辈，论交入酒垆。
两公壮藻思，得我色敷腴。
气酣登吹台，怀古视平芜。
芒砀云一去，雁鹜空相呼。
乱离朋友尽，合沓岁月徂。
吾衰将焉托，存殁再鸣呼。
临餐吐更食，常恐违抚孤。

年老的杜甫回忆起曾经，游猎宴会，高适李白的诗文，何等壮丽，让他这么多年都无法忘怀，那时候的每一天，是何等欢快，而后故人凋零,徒剩无限悲哀。

那时候他奔波世间多年,目睹大唐崩塌,连他的孩子也饿死家中。他辗转自关中到蜀中,又多地奔波劳碌,只是为了给家人混一口饭吃,到最后,忽然就死在了潭州的江中小舟里。

有人说,"城南韦杜,去天尺五"的杜家二郎,饿死在了流浪途中。

那已经是二十多年后了,彼时,高适已经去世五六年了,李白也去世七八年了。

关于大唐三人游的故事,就这样永远消失在他们的记忆中,只留下只言片语,藏在了各自的诗文里。

"莫愁前路无知己,天下谁人不识君。"高适,一个曾经写出如此深情诗句的人,关于三人伴游的日子,却只留下寥寥数句。

宋中别周、梁、李三子(节选)
李侯怀英雄,骯脏乃天资。
方寸且无间,衣冠当在斯。

他夸赞了李白的英姿,然后再也没有其他了。

多年以后,李白落难,曾经给高适寄去诗文求助,高适也没有管他。

天宝初年的友谊,定格在了那短暂的时光里,后来他们再也没见过面。

莫愁前路无知己,天下谁人不识君。

莫愁前路无知己,天下谁人……还识君乎?

三　文章憎命达

谪仙人李白与杜甫伴游时,还遇见了一位故人。

时李邕因为遭到猜忌,被贬到地方做官。

李白杜甫游览山东历下,恰巧李邕也在此。

三人相见,李邕与李白相视一笑,一切尽在不言中。

他们大概都想起了二十多年前在渝州的那件事。

彼时李白还是少年郎,心高气傲,干谒李邕不成,留下那首大唐版莫欺少年穷的《上李邕》。

上李邕

大鹏一日同风起,扶摇直上九万里。
假令风歇时下来,犹能簸却沧溟水。
世人见我恒殊调,闻余大言皆冷笑。
宣父犹能畏后生,丈夫未可轻年少。

现在,二十多年过去了,李白已经是四十多岁的将老之人,而李邕,也早已从壮年变成了一个快古稀的老人。

想起曾经的种种,让人无限唏嘘,李白果然如他当年所说,名扬天下,也去了皇帝的金銮殿,然而终究还是成了失意人,李邕亦是同为天涯沦落人。三人没有过多的言语,只是把酒言欢,诉说着这些年各自的经历见闻。这大概就是李白杜甫最后的相聚了。

天下没有不散的筵席,亦没有永远不分别的友人。李白与杜甫、李邕告别,去做他心里一直想做却没有机会去做的事情:成为一个真正的道士。

那年年底,李白在一个叫高如贵的道士那里传道箓,正式成为有仙籍的道士。经过高人传道箓,能位列仙班,死后不入轮回。李白在俗世间的失意,在此得到了一定程度的补偿。

从此他真的可以说自己养高忘机了,传道箓之后,李白继续云游四海,再后来,他也时常想起杜甫,甚至写了两首思念的诗文。之后,关于杜甫的只言片语便再也没有了。

而杜甫,则在日后不断思念着李白,关注着李白的消息。

多年以来,他一直惦记着这位老友,前前后后给李白写了十几首诗,寄托思念。

他后来听说李白落难,担心得日夜都睡不好,一连写了好几首诗,拜托友人帮他带给李白。

梦李白·其二

浮云终日行,游子久不至。

三夜频梦君,情亲见君意。

告归常局促,苦道来不易。

江湖多风波,舟楫恐失坠。

出门搔白首,若负平生志。

冠盖满京华,斯人独憔悴。

孰云网恢恢，将老身反累。
　　千秋万岁名，寂寞身后事。

　　他担心李白在路上出意外，担心喜欢喝酒的李白一不小心坠舟入河，他说连续好几天梦到李白，他还说李白你啊，虽然失意于当世，可你别担心啊，因为你会名垂千古。
　　可还是担心得不行，又连续写下多首诗文，劝慰着已经十几年未见的李白。

　　　　寄李十二白二十韵（节选）
　　　　昔年有狂客，号尔谪仙人。
　　　　笔落惊风雨，诗成泣鬼神。
　　　　声名从此大，汩没一朝伸。
　　　　文彩承殊渥，流传必绝伦。

　　他看到天气变凉，便担心起李白的境况。

　　　　天末怀李白
　　　　凉风起天末，君子意如何？
　　　　鸿雁几时到，江湖秋水多。
　　　　文章憎命达，魑魅喜人过。
　　　　应共冤魂语，投诗赠汨罗。

　　他在这些诗文里怀念着、鼓励着、担心着他十几年未见的老友，而彼时的李白一直没有回复他的担忧和鼓励。

也许是身陷牢狱之灾，没有太多的机会回复杜甫的诗文；也许颠沛流离之中，李白根本就没看到他寄来的诗文？

后来的我们，再也无法知晓其中的纠葛了。

天宝初年的李杜，伴游良久，惺惺相惜，杜甫说李白懂他的潇洒不羁，李白说杜甫知他的坦荡真诚。

二人携手同游，宴会狩猎，彻夜长谈，共盖一被，情同手足。一别两宽，十几年的时间里，大唐风雨飘摇，将他们各自的命运搅得翻天覆地。在漫长的余生里，他们相隔千里，再也没有见过面。

据说杜甫写给李白的最后一首诗名字就叫《不见》。

不见

不见李生久，佯狂真可哀。

世人皆欲杀，吾意独怜才。

敏捷诗千首，飘零酒一杯。

匡山读书处，头白好归来。

李白最终都没有回去少年时待的大匡山，在蜀中艰难求生的杜甫也再未见过他心心念念的老友李白。

天宝三载洛阳酒肆里的欢声笑语，永远定格在了二人的记忆之中，永远留在了后人的想象之中，成为千百年来人们可以想象到的：最伟大的相遇。

分别之后的某个时刻，李白收到了一个令他非常难过的消息，贺知章病逝了。

于是李白决定前往越中贺知章的老家，去看看那位称呼他为谪仙人，令他一夜之间名满天下的老人。

四　四明有狂客

天宝四载（745年），李杜高三人分别。

天宝五载（746年），李白在鲁地家中养病，直到年底才逐渐恢复。

天宝六载（747年），四十七岁的李白前往越中，去祭奠早已在三年前过世的贺知章。

李白是何时收到这个噩耗的？

无从得知。

他后来写过一首诗，让人倾向于相信他是在想要找贺知章的时候，才得知了他病逝的消息。

重忆一首
欲向江东去，定将谁举杯？
稽山无贺老，却棹酒船回。

他极有可能是在去找贺知章的半道上得知噩耗的，于是他想要半路折回。他不愿意面对已经没有了贺知章的越中会稽山，他不愿去确定这位不以他白身卑贱，而称他为谪仙人的忘年交已离世。

天宝元年，李白第二次来到长安，第一次的失意和鄙夷，以及无尽的等待，权贵的蔑视，在他的记忆中清晰浮现。

二入长安，他完全是靠着自己的那一群道士朋友。

贺知章几乎是唯一一个愿意平礼相待的当朝官僚。

李白一生都忘不了那次会面。在日后的很多年，他无论看见谁，他无论如何标榜自己，都要提谪仙，都要提贺知章对他的赏识。

因为贺知章是名满天下的四明狂客，是几乎所有读书人心中神一般的存在。

他善写人情味的诗文，他善书，他写下的碑文名帖，是别人梦寐以求的宝物，甚至连玄宗皇帝都要存留数张。

就是这么一位德高望重的老人，却愿意屈尊抬高李白，李白不忘他的恩情，那是再合理不过的事情。

更重要的一点，是因为贺知章的"狂"。

在整个大唐的诗人里，李白的狂傲不羁，贺知章的旷达狂世，以及年轻时杜甫的狂放不羁，可以说相映生辉。

他是浙江第一个有史记载的状元，年轻的时候对母亲极好，常常挑着瘫痪的母亲去读书，年纪很大了才有机会参加科举，中了状元。

他一生都不在乎功名利禄，喝酒没钱了可以把天子赏赐的金龟换酒；一直当不了大官，他同时期的人都已经出将拜相，他依然乐呵呵地在自己的小芝麻官位上喝酒，跟所有人开着玩笑；别人笑话他说话有浓重的南方口音，他就写诗笑话别人吃南方东西时怎么不笑话南方的美食呢？

不喜欢他的宰相很多，无非说他旷达狂放，不像栋梁之材，他也似乎的确没有兼济天下的兴趣。

他一生中都处于大唐王朝的上升期，生于唐高宗时期，去世于天宝元年，没有经历过战乱，没有参与过朝堂的政变，每天就是乐呵呵地跟人开玩笑，然后喝酒。

所以他没有杜甫那般苦大仇深，因为有个官做，所以也没有李白那般每天为了仕途焦头烂额。

贺知章大概是整个大唐过得最开心最幸福的诗人之一了。

所以他无所谓什么倾轧、嫉妒，他看见了李白的才情，于是大呼"谪仙人"，相约酒肆，一醉方休。

李白永远记得那个黄昏，长安的酒肆里，醉眼蒙眬的贺知章，将腰间的金龟丢给酒肆的老板，让他换酒来，他要与眼前的谪仙人喝个痛快。

所以，当李白真的站在了贺知章的宅前，空无一人的宅子里荷花开得正盛，他却唯有无限伤感。

他跌跌撞撞在荷花池边找到贺知章的坟茔，跌坐在旁。

他从怀里摸出两只酒杯，倒满了酒水，端起酒杯，却发现已无人应和。他想要一仰而尽，却发现喉头发酸，根本喝不下去。

原来人在难过的时候，真的很难下咽杯中的美酒。他徘徊不前，盘桓良久，面对贺知章老家会稽的坟冢，想起的依然是多年前那一刻的知遇之恩。

于是他写下了对贺知章这位伯乐最后的缅怀与感激，写下了对这位老友最后的惦念。

对酒忆贺监二首（节选）
四明有狂客，风流贺季真。
长安一相见，呼我谪仙人。
人亡余故宅，空有荷花生。
念此杳如梦，凄然伤我情。

这酒是他特地带来的，他买不到长安那么好的酒，只能买当地最好的酒，反正这位老友大概也不会在乎，只要是酒，醉眼蒙眬的老头子就会开怀畅饮。

李白抱着酒坛，沉默良久，忽然抬手将酒水倒进了荷花池中。

然后他端起身边的另外一坛酒，仰头痛饮。

酒水越喝越凉，没有了老友的推杯换盏，他只剩下无尽的悲凉独饮。

酒水沾湿了他的衣襟，逐渐上头的酒意模糊了他的视线。

那些荷花渐渐地隐去了，变成了长安大街上熙熙攘攘的人群，眼前的酒坛子似乎都动了动。

李白仿佛看到一位老人，正抱着酒坛对他笑着，戏谑着说李白没等他到就独饮，实在不够朋友。

李白忽然笑了，他端起酒坛，朝着模糊视线里的老友做了一个请杯的姿势，再次痛饮。

清风徐来，吹拂过满池的荷花。李白喝完酒坛里最后一滴酒，却在风中清醒了过来。

他望着眼前满池的荷花，忽然泪如雨下。

他跌跌撞撞起身，离开了贺宅，离开了天宝元年长安酒肆金龟换酒酬知己的老友。从此之后，他将这段记忆深藏心底，再也没有向任何人提起过。

贺知章的命运似乎与李白有着冥冥之中的某种注定，李白求索多年，一朝因他而起；贺知章归老，李白又很快被赐金放还。

贺知章的命运似乎又与大唐有着某种说不清道不明的关联，他生于盛世，离于盛世，八十六年的人生，走得不紧不慢，刚好踏在大唐最美好的时刻。在他离去的这一年，安禄山兼任范阳节度使，李林甫大权在握，杨贵妃得宠日盛，山雨欲来风满楼。

贺知章离世十年后，整个天下都乱了，世人眼里的盛世，瞬间分崩离析。

在这些巨变中，李白如浮萍般漂浮在某一颗试图夺取天下的野心周围，最终沦为阶下囚，命悬一线。

第八章 天下乱

一　千金买壁

天宝六载到天宝九载（750年），几年时间，李白都在金陵一带蹉跎着，荒废岁月，无所事事，唯有买醉。

史书里说他在金陵遇见了老友崔宗之，两人在船中对酒当歌，一喝就是两天一夜。

李白的狂放在他接近知天命的时候，达到了顶峰。

他已经完全不在乎世俗的眼光，也不在乎旁人异样的眼神，传闻他穿着天子御赐的宫锦袍，坐在船中，两岸游人争相观看传说中的谪仙人。

金陵的很多朋友，崔宗之已不是当年的美少年，岁月也开始在他的双颊留下一道道痕迹，好在他还能喝酒，被贬谪的失意全部化作琼浆玉液，一杯酒下肚，也就释怀了；崔成甫依然离经叛道，锦衣夜行，姬妾成群，笑着让李白一杯又一杯地喝着酒；当年在长安仗义出手的陆调，与李白再次相遇时，尽管他不愿意在仕途上为李白说上哪怕一句话，但酒，他是管够的。

李白就这样在一轮又一轮的美酒盛宴中，度过了三四年。

三四年的时间说长不长说短不短，在这期间，唯一的噩耗是鲁地传来的，已古稀之年的李邕被杖杀在当地。

其中的权谋与尔虞我诈，李白已经不想去想明白了，大抵也就是李林甫的手段罢了。

他唯一能做的不过是拿起笔，自欺欺人似的疾呼一切都不如喝酒买醉的人生。

> 答王十二寒夜独酌有怀（节选）
> 人生飘忽百年内，且须酣畅万古情。
> 君不能狸膏金距学斗鸡，坐令鼻息吹虹霓。
> 君不能学哥舒，横行青海夜带刀，西屠石堡取紫袍。
> 吟诗作赋北窗里，万言不直一杯水。

什么也做不了，再多的雄心壮志又能如何？

"君不见，李北海，英风豪气今何在！"李白痛饮狂歌，对天怒号。

夜里的风越来越凉，他心里的苦闷越积越多，为数不多的潇洒不能再继续的时候，他离开了金陵。

这里的朋友都是失意人，唯一不失意的陆调也不再是当年那个不顾生命危险救他于五陵豪围困中的义气人。

在金陵蹉跎了三四年的光阴，差不多在五十岁那年，李白离开金陵，去往了多年前游历过的梁宋梁园一带，娶了第二任妻子宗氏。

关于宗氏，还有一个美丽的传闻。

传说李白曾经游览梁园时，在梁园一处墙壁上留下过一篇诗文。

附近的人想要擦除掉的时候，被路过的宗氏看到，于是宗氏千金买壁，留下了这一处李白的诗文。

多年以后，宗氏再遇李白，爱慕之心不减当年，两人便成了夫妻。

而在更加浪漫的传闻里，李白与宗氏的情感则要追溯到更久远之前。

传说宗氏曾经女扮男装，做过李白的书童，那时候便芳心暗许，徘徊多年，终于以女儿身相嫁。

也许说嫁有所不妥，因为李白这一次依然是入赘。

宗氏出身高贵，是当年武则天和中宗时期的权臣宗楚客的孙女。宗楚客曾经三次拜相，权倾朝野，杀太子，搬是非，飞扬跋扈。

宗楚客的母亲和武则天是堂姐妹，他在武周一朝就大权在手，后来又依附韦后和安乐公主，一时风光无两。

若是李白早出生些年，凭着宗氏的关系，定能飞黄腾达，只可惜他入赘宗氏时，宗氏已经衰落了。

瘦死的骆驼比马大，再衰落也是宰相后裔之家。宗氏本身就是豪门士族，这对于一向不事生产的李白来说相当重要，是他生存的一个途径。

而宗氏也不负所望，在李白的余生里不离不弃，不论困苦险境，一直尽力维持着李白心中那个理想。

娶了妻的李白似乎又活络了过来，他虽已年过五十，但心境依旧不变，想着既然长安没有他的机会，金陵没有他的机会，那就去北方幽州一带碰一碰运气。

于是他动身前往燕赵之地，毕竟那是自古就号称多慷慨悲歌之士的边塞重镇。

从这些细节可以看出来，李白其实对天下的局势有着相当敏锐的洞察力，他已经隐隐感觉到了北方的兵势，否则没法解释他忽然要去幽州碰运气的举动。

这是天宝十载（751年）暮秋的事情了，五十一岁的李白自梁宋动身，拖着垂垂老矣的身躯，怀着满心的希望，去往了他无数次在史书中看到过的燕赵之地。

他怀着满心的期望出发，饮马黄河，这一次，他想要去北方碰碰运气。

二　举杯消愁愁更愁

传说安禄山三百多斤，不识字，擅跳胡旋舞，会讨贵妃玄宗的欢心，与李林甫等交厚。

在长安城的一百零八坊中，安禄山的宅邸距离郭子仪的宅邸并不远，这两位大唐最重要的对手的距离是如此相近，几条街道穿过，便能看见彼此的府门。

李白在长安城的时候，安禄山已经崭露头角，在李白无法摧眉折腰事权贵的时候，安禄山认杨玉环为母，可谓是讨好人主毫无底线。

安禄山的性子是必然能获得玄宗皇帝的喜爱的。

安禄山善放低姿态，常常以憨厚耿直的姿态出现，玄宗皇帝经历数次政变，亲手斩杀政敌，识人能力堪称一流，在整个开元年间根据当时的朝政状况选用不同的贤相，所以他对自己的聪明才智有一种近乎病态的坚信。

他认为安禄山这样的小儿,不聪明,好控制,他赦免过安禄山的死罪,他一手提拔了安禄山扶摇直上,从一个阶下囚一路走到三镇节度使。

玄宗皇帝直到"渔阳鼙鼓动地来"的最后一刻,都不肯相信安禄山会反叛。

他不相信这个跳着胡旋舞的大胖子会有这样深沉的心思,他更不愿意相信一辈子看对人的自己会在晚年看走眼这个绿眼胡儿。

而在李白眼里,安禄山与其他节度使没有本质区别,他想的只是年华老去,他应该再搏一搏,实在是不甘心就这样过完自己的一生,胸中的万千沟壑,一条都没有用在兼济天下的大业中。

而后人看重的诗文,对于当时的李白来说,不过是他抒发胸中沟壑、建功立业的点缀与前奏。

如果用他所有的诗文换取一次出将入相,李白应该会毫不犹豫。

他只有到了后来,完全失去了官场的希望,才想起自己诗文的传世。

他大概是在梁宋一带听到了北方的动静,安禄山招兵买马的消息不胫而走,理由自然是对付边患。

五十一岁的李白自认身怀绝世剑术,想着也许在幽州有他的一席之地。

在与友人裴十三分别时,他毫不避讳地将此去的目的和盘托出。

留别于十一兄逖裴十三游塞垣(节选)
太公渭川水,李斯上蔡门。
钓周猎秦安黎元,小鱼䴍何足言。

他把自己比作太公，比作李斯，他说自己钓的是周文王那样的大鱼，要灭的是秦始皇那般的劲敌。

他的才情豪气自不在话下，然而正是这些豪情万丈的诗文，让他无法得偿所愿。

其实他的诗文已相当危险，在这个风雨飘摇、都在传北方会有祸事的当下，他的比喻着实有些大胆。

毕竟，谁是周文王？他这个姜太公，又猎的是哪个秦始皇？

李白对玄宗皇帝的不满其实早已显露，在祭奠贺知章之后，他登临会稽山，曾经写过一篇《登高丘而望远》。

登高丘而望远

登高丘，望远海。

六鳌骨已霜，三山流安在？

扶桑半摧折，白日沈光彩。

银台金阙如梦中，秦皇汉武空相待。

精卫费木石，鼋鼍无所凭。

君不见骊山茂陵尽灰灭，牧羊之子来攀登。

盗贼劫宝玉，精灵竟何能？

穷兵黩武今如此，鼎湖飞龙安可乘。

在这首诗文里，他将玄宗皇帝穷兵黩武、好高骛远、追求长生、奢靡享受的生活批了个遍。

他已不再像从前那般把皇帝曾经对他的接见放在嘴边，他逐渐看

清了这些庙堂之上的嘴脸，不过是一群自私自利的蝇营狗苟之辈，天下在他们眼里，不过是供他们享乐的府库罢了。

所以他不再去长安了，他选择了幽州，这里有骏马千军，有沙场功业，他需要做的不再是无穷的干谒和低声下气，他只需豁出自己的性命去搏一个机会。

身躯已老，斗志依然少年。

李白勒马饮黄河，第一次有了吞吐天地的豪情万丈。

燕赵自古多慷慨悲歌之士，名动天下的剑圣裴旻也活跃于此。

在整个大唐，人们提起灿烂的开元年间，总会说三绝：李白的诗，张旭的草书，裴旻的剑。

有时候他们会把裴旻拿掉，换成吴道子的画。

也有人传，李白的剑术应当受到过裴旻的教导，种种谜团已经泯灭于历史中无法探究。

正如李白与王维的交际圈高度重叠，但在可见的资料里他俩依然是老死不相往来。

也许是因为李白的性子，也许只是恰巧没凑上一面。

王维也与裴旻相交，曾经写过赞颂裴旻的诗文。

赠裴旻将军

腰间宝剑七星文，臂上雕弓百战勋。

见说云中擒黠虏，始知天上有将军。

裴旻便是李白前次分别时赠诗的裴十三的族亲，兴许是勾起了他对裴旻高超剑术的记忆，兴许是对前路漫漫却充满机会的期待，李白策马扬鞭,越过黄河,老躯不乏,骏马长啸,在邯郸看官兵练操,气壮山河。

> 登邯郸洪波台置酒观发兵
> 我把两赤羽,来游燕赵间。
> 天狼正可射,感激无时闲。
> 观兵洪波台,倚剑望玉关。
> 请缨不系越,且向燕然山。
> 风引龙虎旗,歌钟昔追攀。
> 击筑落高月,投壶破愁颜。
> 遥知百战胜,定扫鬼方还。

他在邯郸、临洺一带逗留,与族中在此做官的族人相会,骑骏马,练骑射,只因他一心报国,想着投入身兼三镇节度使的安禄山帐下,出兵征讨扰乱边疆的异族。

那时候他还未能知晓隐藏在边塞重镇中的阴谋,以为安禄山还是为大唐守边的忠臣良将。

也有一种说法,说李白去往燕赵之地,是因为天下都在传北方要反,李白想要只身入虎穴,去为大唐天子一探究竟。

不论何种缘由,在燕赵之地游历一番后的李白,很快意识到了那些风中的言语并非空穴来风,而是实有出处。

那些壮硕的军士,骁勇的战将,也许并非为了对付外敌。

李白感觉到了危险。

时值数九寒冬，北风狂啸，风雪交加中，李白艰难地跋涉在燕赵大地的狂风之中，整个北方幽冥般令人窒息的危险悬在头顶，李白知道，这天下怕是要乱了。可他苦于没有门路将北方看到的一切野心禀告朝廷，让玄宗皇帝重视起来。

说起来，连独宠后宫的杨玉环的族兄杨国忠都无法扳倒安禄山，何况他只是一个蓬蒿人。

杨国忠在朝廷与李林甫已经相斗数载，安禄山是他们争斗中的一颗棋子。

李林甫保安禄山，杨国忠便反安禄山。

为了把李林甫拉下马，杨国忠甚至数次在玄宗面前拿出安禄山即将要反的证据，而玄宗皇帝只是稍有怀疑，之后依然会找无数个理由安抚杨国忠想多了。

后来杨国忠信誓旦旦地跟玄宗皇帝说安禄山必然不敢进京，可召见之，若肯来便是忠心，若不肯来则狼子野心。

玄宗皇帝于是应允。

安禄山竟然来了。

杨国忠有理由怀疑有人给安禄山透了信，那自然是李林甫那边的人。

传说安禄山离开长安时，一路狂奔，都不敢回头，此后无论玄宗皇帝如何诏见，他再也没来长安。

李白一介白身，只能在北风狂啸中痛哭流涕，痛天下即将离散，哭百姓将要凋零，更哭整个大唐将来的覆灭。

那么美好的长安城，也许就要毁了。

那些走街串巷的小贩，那些奔跑在路上的孩童，还有酒肆里畅笑的胡姬，城北走狗斗鸡的五陵豪，还有长安那些为数不多的友人，以及大多数看他不顺眼的权贵，他们都要在这即将来临的乱世中流离失所了。

李白悲从中来，止也止不住，他只能在风中念念叨叨着。

北风行（节选）
烛龙栖寒门，光曜犹旦开。
日月照之何不及此？惟有北风号怒天上来。
燕山雪花大如席，片片吹落轩辕台。

他将北方的危险比作神话里的烛龙，他将即将到来的危险藏在隐喻里，只希望朝廷能有一人看懂，能有数人奋身而起，能有万人阻止这场惊天动地的叛乱。

然而一切都是徒劳，天下的崩坏不会因一人而改变，其时，哪怕是玄宗皇帝幡然醒悟亦是无用之功。

大唐的崩塌，已经是定局了，地点、人物，都已被冥冥之中的大手选中，唯一的问题是何时。

看到燕赵之地的凶险，李白很快抽身离开了这是非之地。

有传言说他可能在此之间去过长安附近，试图将危险告知京城中枢，但更多的诗文证明，他也可能早已看透一切，都没有了回旋的余地，于是他彻底放下了扶大厦将倾的执念，选择回去宣城，与宗氏客居在此。

这一年已是天宝十二载（753年），朝堂发生了一件大事：执掌大唐相位数十年，权倾朝野，连太子都不敢正面触逆鳞的李林甫去世了。

李林甫的对手，杨玉环的族兄杨国忠上位宰相。素来与杨国忠不和的安禄山顿时紧张起来，整个北方的备战因此加快了步伐，杨国忠与安禄山的较量，一触即发。

朝堂的暗流涌向燕赵之地，黄河以南的地区依旧歌舞升平，高卧宣城的李白闲来无事，心中寡欢，便四处闲游。

可是宣城城小逼仄，亦没有共话知己之人。

倒是偶然遇到的从长安来的故人李云颇有见地，传闻李云为官为人刚直不阿，哪怕是李林甫杨国忠他也不惧。

这样的人，自然会被李白景仰。按照辈分，李白尊称对方族叔，时李云为朝堂御史，正准备巡察州县。

李白将在北方看到的一切和盘托出，李云听罢，叹息良久，此等利害，朝堂何尝不知。

杨国忠数次言安禄山要反，玄宗皇帝甚至亲自召见安禄山。天宝十三载（754年），安禄山风尘仆仆赶往华清池，拜见了正在此处过冬的玄宗皇帝。结果玄宗皇帝见了一面反而更信任了，还封了安禄山更大的官。

实际上除了玄宗皇帝，人人都知道，安禄山已尾大不掉，着实难以处理。

至于一生识人无数的玄宗皇帝为何此时如此一根筋，那自然是因为安禄山的手段，连玄宗皇帝派去北方探查安禄山心迹的心腹宦官，都被安禄山收买了，回去说的都是安禄山的好话。

李白与李云相谈甚久，最后发现完全没有办法让玄宗皇帝幡然醒悟。

再后来，李云要走了，李白送他一程。在宣城的谢朓楼，两鬓斑白的李白执手送别比他更苍老的李云。楼下溪水绵绵无尽，忧愁如水般萦绕脑海，他带着对自己年岁逝去的忧伤，带着对大唐命运的担忧，李白写下了一首《宣州谢朓楼饯别校书叔云》。

宣州谢朓楼饯别校书叔云

弃我去者，昨日之日不可留；
乱我心者，今日之日多烦忧。
长风万里送秋雁，对此可以酣高楼。
蓬莱文章建安骨，中间小谢又清发。
俱怀逸兴壮思飞，欲上青天揽明月。
抽刀断水水更流，举杯消愁愁更愁。
人生在世不称意，明朝散发弄扁舟。

李云走了，李白孤苦一人在谢朓楼呆立良久，远处李云的背影消失在天地间。

雾不知道什么时候起了，眼前的溪流也看不见了，只能听见叮叮咚咚的流水声。

这水流声忽然让李白想起了秦淮河畔的那些舟船小溪石板路，石桥红枫酒肆香。

李白忽然决定再去一趟金陵，去见见那里的老友，去看看那里他许久不见的熟悉的风景。

之后,他放心地离开了宣城,南下去了金陵,想着最后再看一眼当初出蜀时,这座让他沉沦颠倒的繁华之地。

在金陵,他与崔宗之等友人彻夜饮酒,诉说着天下将变的局势,唯有垂头慨叹。

李白与友人携手登临金陵凤凰台,传闻此台曾因凤凰飞来而闻名遐迩。自此之后,再也望不见凤凰飞来,仿佛当时的那一切都只是个梦境,一如大唐即将迎来的命运。

李白无限悲痛,望向西北方,那里是长安的方向,举杯高歌。

> 登金陵凤凰台
> 凤凰台上凤凰游,凤去台空江自流。
> 吴宫花草埋幽径,晋代衣冠成古丘。
> 三山半落青天外,二水中分白鹭洲。
> 总为浮云能蔽日,长安不见使人愁。

他感慨着眼前的景色,怀念着古人的意境,最后一句却话锋一转,将奸臣比作浮云,将玄宗皇帝比作日头,将自己不能去长安面圣说明一切的忧愁倾泻而出。

可是哪怕再在诗文里说着那些朝堂高庙里的人与事,最终的结局依然无法改变丝毫。

无奈的困境中,已五十四岁的李白似乎也意识到自己真的老了,这天下眼看着也要倾颓了,他可能已经明白此生也许都无法实现心中所愿,于是心里开始逐渐产生了至少要为自己留下点什么的念头。

留下点什么呢？

他唯一拿得出手的便是他的才华，于是他将自己的诗稿托付给了一位叫魏万的友人，希望魏万能帮他整理成集。

这之后，他这趟金陵之旅也画上了句号。

在金陵逗留到秋天快要来临时，李白返回了宣城，在那里遇见了一位颇有义气的新朋友——汪伦。

三　不及汪伦送我情

魏万是李白的头号粉丝，他一路从王屋山出发，追寻李白踪迹千里之遥，终于在扬州一带与李白相遇。

对于这位粉丝朋友，李白流露出极大的善意，他甚至专门为魏万写了首长诗，其中有四句将魏万的风度吹上了天。

> 送王屋山人魏万还王屋（节选）
> 魏侯继大名，本家聊摄城。
> 卷舒入元化，迹与古贤并。

李白甚至将他这位粉丝抬高到同春秋战国时期毕万的层次，毕万曾随晋国国君灭国有功，是魏国的祖先。

之后，他将自己的诗稿尽托魏万，希望他能帮忙整理问世。

魏万不负所望，整理出一部文集，然而最终还是遗失于世了。后世流传的文集，已不是魏万当年整理的那一部。

李白一生至少曾三度将自己的诗稿托付于他人，但最后都没能完整地流传下去，最终靠的还是一些刻本碑文传诵，才勉强留下不到千首诗文。

他曾自称有万首诗文，杜甫也写他斗酒诗百篇，然而哪怕是名满天下的谪仙人，也要被时间的铁犁犁过身躯，只留下些许痕迹。

据说开元年间曾经编纂过当世诗人的集子，但未收录已名闻天下的李白的诗文。也许对于每一个时代来说，那些璀璨如烟火的天才从来都是孤寂的，不被理解的。他们的特立独行也许只是因为这个世界本身就不合理，是错的。这个时候他的对，就是他的错。

李白一生都在这种与现实的矛盾中左右拉扯，不断挣扎。

他有着最为干净而单纯的性子，有着对天下的忧心，但他面对的却是这样的一个天下：门阀，关系，士族，出身，没有一样是李白所能突破的，尽管他一生都在努力；二次入赘，无数次低声下气地干谒，到终于御前效命，却被安排做了一个文伶的角色。世俗早已暗中给他打上了一个个被鄙夷的标签，不论是谁，都能从他这里找到不用他的各种理由。

李白与魏万相遇后，得到了一个让他痛哭流涕的噩耗：晁衡回国乘坐的舟船遇到风浪，失事了。

晁衡本名阿倍仲麻吕，是个日本人，晁衡是他给自己取的唐名。

他在开元五年（717年）随着日本遣唐使团来到大唐，因仰慕唐风而不肯归去，他后来进了国子监学习，中了进士，成了大唐的官僚，中间数次想回国看望双亲，被玄宗皇帝挽留。

他最后客死大唐，最终没有回去他的故乡。从二十岁的少年郎，来到大唐，到最后离世，五十多年的时间过去了。

阿倍仲麻吕在大唐混得如鱼得水，与王维、李白等一众诗人交好。朝堂里又朋友遍地，深得玄宗皇帝的喜爱。

当时整个大唐就是东亚这块土地的焦点，阎立本所绘的《朝贡图》里，各国使者拿着特产，络绎不绝地往长安走去。

日本是极为喜欢唐风的国度，相应的，他们也把自己的文化带给了大唐。比如去见李白的魏万，就一身日本服装打扮。

送王屋山人魏万还王屋（节选）
身著日本裘，昂藏出风尘。
五月造我语，知非儓儗人。

魏万应该是当时日本文化的一个熟悉者，否则不会身着异域服装，所以有传闻说，关于讹传晁衡遇难的消息，就是魏万带给李白的。

李白在诗文里赞颂了魏万的风度，一直催他回去，但又流露出舍不得的心态。这种矛盾的心理，也许正是魏万带给他关于晁衡的消息导致的。

李白不愿意相信这个消息，但又不得不信，最后希望魏万能快点回去，帮他确认一下这个消息的真伪。

让李白悲恸不安的消息的起源，还要从天宝十一载（752年）说起，日本遣唐使再度来到大唐，使团副使当年与阿倍仲麻吕一道留学大唐，此刻再见，感慨良多，遂又起了归国的念头。

经过筹备，出发归国的路途却发生了意外。

消息传到李白这里，已五十四岁的李白一下子陷入巨大的悲恸之中，写下一篇《哭晁卿衡》。

哭晁卿衡
日本晁卿辞帝都，征帆一片绕蓬壶。
明月不归沉碧海，白云愁色满苍梧。

后来魏万带着他的诗稿回去了，李白独自一人，在宣城西边一带的秋浦徘徊不前。他一生大部分时间都在游历，在路上给他一种安全感，一种他仿佛还在朝着某个目标前进的进取感。

他踽踽独行，想着晁衡，想着魏万，想着前些次的幽州行，满腹疑虑与忧伤，游历再也继续不下去了。因为他忽然发觉自己已经无处可去，亦无心而游。

秋景萧瑟，故人凋零，整个北方透着一股说不清道不明的肃杀之气，李白的情绪低落到了极点。

在秋浦徘徊的这段时间，他连续写下了多首诗文，在那些诗文里，他的忧虑几乎溢出了躯体。他说"秋浦长似秋，萧条使人愁"；他说"秋浦猿夜愁，黄山堪白头。清溪非陇水，翻作断肠流"；他说"两鬓入秋浦，一朝飒已衰。猿声催白发，长短尽成丝"，萧瑟的秋风，吹拂着两鬓的斑白。

人生的无望，寂寥的秋风，他无法撕破这个仿佛凝固了的黏稠境况，只能一遍遍唉声叹气，在秋浦他如枯黄的落叶，在飘摇风雨中，不知该归何处。

也许是时候回去了，可是宣城也不过是客居，他的心无法安顿在世间的任何一个角落，于是也便没有了归处。

能安顿下他的，只有心中的抱负，但那是已知天命之年的他无法企及的奢望。

古往今来，又有多少人曾在知天命之年扶摇直上？

就在李白愁得不知所措，准备打点行装，返回宣城时，一个陌生人的邀请忽然随风而至。

沉溺秋浦的萧瑟中无法自拔的李白，忽然在这个邀约中看到了些许碎光，仿佛要撕破凝固在他周身的沉闷和无望。

李白看了一眼邀约者的名字——汪伦。

李白的好运就要来了。

因为汪伦要请客。

邀请的人自称汪伦，在这一带做过小官，后置办家业于此，做庄园，享天伦，沿途有十里桃花，酒家数万，遂闻李白名声，仰慕而邀。

李白半信半疑，但闻酒家数百，遂有心意前往。

结果呢，桃花三两枝，原来此桃花乃桃花潭，酒家嘛倒有一些，不过也是寥寥数家。

关于汪伦的身世家世，有人说他只是一介村夫，有人说他是当地豪士，除了李白，还与王维等诗人交好，还有人说，汪伦是隋唐时期吴王汪华的后裔，到他这一辈，家世已经败落了，但也做过小官，颇有些庄园。

于是在汪伦的邀请下，李白逗留数日。临走前，汪伦送金给马。山野之中，必有义气之人。

李白感怀，写下《赠汪伦》一首。

赠汪伦

李白乘舟将欲行，忽闻岸上踏歌声。

桃花潭水深千尺，不及汪伦送我情。

在李白的一生中，他有过很多次这样短暂的相遇与永远的别离，这些在他的生命中曾暂时出现的友人，都化作了他内心深处一处处情深意切的潭水。

或许正是因为这些莫逆之交，才让李白坚持了这么多年的苦苦求索，尽管都是失意，至少，在每一个令人心碎的时刻，在每一处忧虑不安的间隙，关于他们的记忆，总会化作一句句诗意，恰如其分地安慰着李白的忧愁与失落。

再后来，汪伦的后人们宝贝一般将李白的诗收藏，以先辈与李白的这一场交情为荣。

汪伦也因为这次请客，借着李白的才气，名垂青史。

李白告别汪伦，回到宣城，那时已是天宝十四载（755年），五十五岁的李白已经鬓发全白，一具残躯，然而他的心火却又重新燃烧了起来，对于干谒仕途的热情重新被激发。

他在宣城遇见太守赵悦，一时又放下了"安能摧眉折腰事权贵，使我不得开心颜"的架子，免不了将对方吹捧一番，最后甚至直白地告诉对方"所期玄津白,倜傥假腾骞",让赵太守哪天青云直上了,一定要提拔提拔他。

自然是无果。

干谒,无果,忧愁,对他来说已经是家常便饭,可内心的委屈依旧不吐不快。这一年夏天杨国忠发兵攻打南诏,亦无果。唯一不同的是,李白的无果就只是无果,杨国忠的无果却可以美化为大捷。

天下的很多事情,瞒得了皇帝,却瞒不住悠悠之口。朝堂上的明眼人,江湖上的消息灵通者,其实都知道发生了什么。

满心忧愁的李白自然不会事不关己,而是将心中的烦闷和杨国忠的失误写进诗文里:云南五月中,频丧渡泸师。

末了,他又将心中的抱负和盘托出,直到这一刻,他依然没有放弃,以为远在长安的玄宗皇帝会关注他这位谪仙人的诗文,从而悔悟多年前对他赐金放还的识人失误。

> 书怀赠南陵常赞府(节选)
> 霜惊壮士发,泪满逐臣衣。
> 以此不安席,蹉跎身世违。
> 终当灭卫谤,不受鲁人讥。

然而来自长安的消息只有晁衡的回赠诗文,玄宗皇帝金銮殿的召见已经是梦里才能看到的场面。

那时候远在长安的晁衡,也就是被传死于海难的阿倍仲麻吕历尽艰辛,正自安南跋涉回长安,听闻李白的《哭晁卿衡》,赶紧给他回了封诗文,告诉李白自己的幸存。

李白看着晁衡的回赠诗,一时不知道该笑还是该哭。

笑的是朋友死里逃生,哭的是自己的命运似乎又再次被钉死在了原地。

就在李白心灰意冷,又同时为好友晁衡的幸存而高兴之余,从北方传来了惊天动地的消息:安禄山反了!

四 飞流直下三千尺

就在几个月前,杨玉环还在长安城的宫廷里享受着"一骑红尘妃子笑"的荔枝,玄宗皇帝还在五十年太平天子的梦境里昏睡,大唐的军队还主动出击,打击南诏。

甚至这些年,朝廷每每对西域用兵,大唐兵锋呈出击之势,许多耳熟能详的名将辈出:高仙芝、封常清、哥舒翰,还有李光弼与郭子仪。

传闻安禄山起兵的时候,整个长安城都因为皇帝的笃信而未做任何准备。匆忙之中,达官显贵自长安城四门而出,去西域的,去蜀中的,去江南的,甚至去更北的北方的。

长安城里已经人心惶惶,能跑的都在找各种理由跑,只剩下百姓还在翘盼,等待着勤政楼上玄宗皇帝的慰藉。

大唐帝国的明珠,长安城,已经被来自北方的尘土蒙上了一层朦胧不清的灰尘，人们拿不准皇帝的意思，更不懂为何五十年太平天子，一朝却沦为要出奔长安，逃亡蜀中的亡国之君。

在此之前，打了一辈子胜仗的名将哥舒翰，抱病长安，被玄宗皇帝匆匆赶往潼关，拒守已攻破洛阳的安禄山。

从洛阳出发，就剩下潼关一道屏障，潼关一破，大唐的心脏长安城便无险可守。

正在灵武一带组织兵力的郭子仪、李光弼都意识到只要哥舒翰死守住潼关，他们再从叛军背后出击，便可迅速让安禄山、史思明的部队顾此失彼。甚至此时此刻的安禄山都已经开始后悔反叛，想着是不是回到幽州地盘死守住朝廷两面的夹击。

杨国忠在此刻将关于哥舒翰的谗言递到了玄宗皇帝面前，如惊弓之鸟的玄宗皇帝已经忍受不了任何不可掌控的危险。

他担心哥舒翰真如杨国忠所说拥兵自重。

实际上杨国忠只是目睹了哥舒翰要求皇帝处死安禄山族弟这件事，其实这位族弟并未与安禄山沆瀣一气，他甚至还提前向皇帝举报了安禄山的不臣之心。

哥舒翰素来轻视安禄山与其族弟安思顺，遂伪造证据诬陷其死罪。

杨国忠目睹皇帝为了平叛安禄山而迎合哥舒翰的举动，十分害怕这样的事情发生在自己的头上，于是在哥舒翰犹豫到底要不要杨国忠死的时候，杨国忠率先出击，谗言进玄宗。

玄宗皇帝在此之前，已经连斩了高仙芝和封常清两员大将，再杀了哥舒翰，就真的无人可用了。

他只得逼迫哥舒翰出潼关与安禄山决一死战。

哥舒翰苦劝无果，自知必败，乃大哭而出关，最终被生擒，死于安禄山叛军之手。

值得注意的是，在这一连串的人物里，除了郭子仪，其他几个人或多或少都有胡人的身份，严格来说，他们都不是真正的大唐人。

他们大多发迹于开元年间，通过不断的对外扩张而获得军功，最终有一半的人折戟沉沙在与安禄山的交战之中。

那时候的李白，因为叛军风卷残云般迅速，很快陷入了乱军之中，他携着宗氏，一路从梁园逃向长安的方向。

长安城已经不是他曾经到过的那座城了，繁华的东西市早已破败，坊里街巷都是逃难的人群，每个人都紧皱眉头，再也没有了从前的恣意，每个人都步履匆匆。他们离开长安，望着长安的城门痛哭，然后头也不回地踏上了逃亡异乡的路途。

李白究竟有没有再次进入长安，无从得知。但他是到了长安城附近的华山的。

他和宗氏，以及众多从长安城里逃亡出来的百姓、贵人，一起在华山目睹了潮水般涌向长安城的叛军。

痛哭声震天动地，百年的繁华一夜之间荡然无存，只剩下杀戮与断壁残垣在风雪的呼啸中不言。

在这些杀戮和不安的大街小巷里，就有被困于此的杜甫。

玄宗皇帝已经提前跑了，带着他的心腹们，带着杨玉环和杨国忠，跑向杨国忠的势力范围蜀中。

从华山奔亡而下的李白听说，出了长安城没多久，杨国忠和杨玉环就在马嵬驿被杀了,当时杨国忠试图逃亡,被一位骑士拉弓射箭,射下马来。

解了士兵们的恨意,玄宗皇帝这才有了机会重新上路。然而皇帝的威严已经没有了,不能保住自己女人的皇帝,不如一个拿着锄头捍卫农妇的老农更让他人尊重。

隐忍多年的太子跑了,去往了灵武,与郭子仪、李光弼会师,直取安禄山叛军老巢。

李白的好友高适千里投奔,入了太子李亨门下。

太子当年即位,是为后世的唐肃宗,遥尊玄宗皇帝为太上皇,玄宗皇帝大怒,也只能捏着鼻子认了。这样的故事,自大唐建立就一直在皇帝父子间上演着,现在不过是再一次演绎罢了。

玄宗皇帝派出永王李璘前往东南一带招兵买马,妄图通过制衡,能束缚住肃宗皇帝。

然而一切都晚了。

正如自华山而下,一路南奔的李白,一切都晚了,他没能救下大唐,甚至目睹了大唐的倾颓,满腹的忧虑和痛心来不及疏解,他最担心的是在鲁地的两个孩子,这么多年来他和孩子们一直分居两地,此刻鲁地已经在安禄山的势力范围,想要去往那里营救出两个孩子,何其艰难。

也许真的有命运之手躲藏在暗处,窥视着世间的一切,李白唯一的门徒竟在这时寻到了李白。

乱世中,每个人都有急需解决的问题。

玄宗皇帝的问题是如何重新夺回皇权;肃宗皇帝的问题是如何平

叛安史之乱；永王李璘的问题是如何在东南稳住阵脚，与肃宗分庭抗礼；李白的问题是，怎么去鲁地接出两个孩子。

李白唯一的门人，或者说徒弟，这个叫武谔的人，亲自找到李白，问他有什么需要帮忙的，李白提出想解救出自己的孩子。

后来李白专门写过一首《赠武十七谔》，在这首诗文里，他详细写了武谔的刺客高名，以及武谔帮他救出孩子的壮举。

赠武十七谔

马如一匹练，明日过吴门。
乃是要离客，西来欲报恩。
笑开燕匕首，拂拭竟无言。
狄犬吠清洛，天津成塞垣。
爱子隔东鲁，空悲断肠猿。
林回弃白璧，千里阻同奔。
君为我致之，轻赍涉淮原。
精诚合天道，不愧远游魂。

李白携妻带子，南下避难，他扮作胡人，因为其父李客在西域多年行商，李白也会胡语，这大概会给他的奔亡之路提供便利，回宣城，赴金陵，走越中，最后沿着长江西行，去往庐山避难。

一路上，缺食少餐，犹如丧家之犬，谪仙人再也没有了诗仙的风度，只剩大道旁匆忙奔命的落魄老人。

他一路目睹山河破碎，百姓流离，多少稚童牵着大人的手，哭声从长安出发，四面八方都是落泪的人。他写下《奔亡道中五首》，句句泣血，声声落泪：申包惟恸哭，七日鬓毛斑。

他连续多日逃亡在路上，终于回到了年轻时曾经到过的庐山。遥想当年，那时他不过二十出头，正是意气风发之年；那时他以为前途似锦，只要有一个机会，他便能尽情舒展心中抱负；那时他在庐山之中兜兜转转，见山峰，见瀑布，留下豪放浪漫的千古名句"飞流直下三千尺，疑是银河落九天"。

现如今，他已是步履蹒跚的老人，再没有了当年的意气风发，徒留满身老气，一头稀疏的枯发。

李白站在当年望见瀑布的山涧，望着几乎干枯的流水，咽喉一阵酸涩，他觉得自己应该说点什么，毕竟他是连贺知章都吹捧的谪仙人，可是此时此刻，此地此景，他却发觉自己一个字都说不出口。

属于大唐的灿烂盛夏过去了，接下来的每一天，都是寒冬来临前，最温暖的一日。

李白知道，他这一生，大概也就这样了。

毕竟，天下都没了，更不要说还有他这个老头子的用处了。

而永王李璘的使者，已经带着聘请的诚意，走在了庐山的山路之间。

天宝十五载（756年），在这一年夏天的时候，肃宗皇帝改元至德，年过五十六岁的李白，即将迎来他最后的机会：永王李璘的聘请。

第九章 临终歌

一　归时倘佩黄金印

在浩瀚繁复的史书里，偶尔的字里行间，总有着一些大器晚成、老而弥坚的人。

远如姜子牙，高龄遇文王，一朝成为周朝核心层人物。

近如汉高祖，快五十岁才开始建功立业，没几年就成了汉朝开国皇帝。

再比如李白念念叨叨了一辈子的偶像谢安，蹉跎半生才迎来出山的机会。

至德元载，冬，避难庐山的李白就迎来了这样一个机会：永王李璘派专人去请五十六岁的李白出山。

熟读典籍的李白自然会想起上述人物的故事，但他犹豫了很久，直到对方三顾庐山，他才下定决心，出山一展抱负！

因为这可能是他最后的机会了！

在大唐，一个普通人的平均寿命不过三十岁左右，李白这一年已经五十六了，长年饮酒让他的身体状况每况愈下，他已经对长寿不抱希望，况且，他已经活得比大多数人都要久了。

然而李白对于永王前两次征召的犹豫也是有原因的，在当时的局势里，已经形成了极为糟糕复杂的皇权割据。

安史之乱后，玄宗皇帝逃出长安城，太子李亨半道就脱离了队伍，之后北上灵武，擅自在灵武登基，史称唐肃宗。

太上皇玄宗皇帝不肯放手权力，但又无法改变太子造成的既定事实，于是将永王这颗棋子放在了东南富庶之地，牵制着他打压了一辈子的肃宗李亨。

帝国的运作需要南方的富庶来支撑，打仗更是需要钱，掌握了富庶的南方地区，基本上就掌握了兵和钱，也就掌握了权力的核心内容。

曾经两次靠政变上台的李隆基，他对于皇权的运行逻辑已经驾轻就熟，如若不是突如其来的巨变，他将会大权在握直到生命的最后一刻。

在唐肃宗给他出的皇权难题里，玄宗皇帝敏锐地将目光放在了赋税重地，将身边最争气的永王安排了过去，期望借此形成一个新的权力平衡。

至于是否会引起骨肉相残，那不是他首先要考虑的问题，生在皇家，这是最基本的觉悟。对孩子们的打压，尤其是对太子的防备，是大唐皇帝必须会的皇权第一课。

因为有那么多血淋淋的例子在前，权力的游戏里，机会只有一次，永远不可能有预演。玄宗皇帝为了巩固权力，甚至因为对权力的猜忌，也曾一日杀三子。

太子李亨一辈子生活在父亲李隆基的阴影里，那些被杀的兄弟时时刻刻都在提醒着他，在权力的游戏里，父亲的残酷无情。

李林甫摸准了玄宗皇帝的脉搏，知道老皇帝对权力的执着，以及对太子李亨的深深戒备。身居相位的李林甫配合着玄宗皇帝或暗或明的心意，对太子保持着持续的高压，甚至逼得太子休妻，痛哭陈罪，险些被废。

一个废太子，是不会有好下场的。

天下的巨变,黎民的苦难,对于常年担惊受怕的太子李亨来说未尝不是一件好事。在马嵬驿军队的哗变里,他这头蛰伏多年的老虎,终于伸出了并不强壮的爪牙,从玄宗眼皮子底下溜走了。

天下苦玄宗久矣,人们都在怨恨玄宗皇帝的决策。享受了天下一人的无上尊荣,乱世时就要接受所有的怨言恨意。从这方面来说,命运之手的安排倒从来都是公平的。

所以要杀宠妃佞臣,所以要让玄宗皇帝威严扫地,让他再也不能唯吾独尊。这是离开长安颠沛流离的那些权贵和太子共同的杰作,老皇帝终究要为自己的任性妄为付出三军不前的代价。

在旧的权力结构中,除了高力士等少数几个贴身近臣,几乎所有人都选择了皇帝对立面,甚至连陈玄礼这样心腹中的心腹,也选择了逼迫皇帝杀贵妃与杨国忠。

于是太子的上位变得理所当然,人们期待一个新的开始,无人敢在旧的权力中与得罪过的皇帝共事天下。

永王李璘就是在这样错综复杂的权力结构中被安排到帝国的南方的。

李白自然也看得出其中的用意,所以他一而再地犹豫着,他大概已经听说了,杜甫和高适都去了肃宗皇帝李亨那里,也都获得了官职。

只有他,山高皇帝远,既不能奔赴肃宗处,又不能入阵杀敌,只能躲避在庐山的山林之中徘徊,忧愁伤感。

实际上,他也曾想过去潼关投奔哥舒翰,只可惜他还没到潼关,哥舒翰就已经兵败如山倒,他也只能随着人群往华山逃去。

现如今,一个机会摆在他面前,永王派了心腹三顾茅庐,恰如李白所尊崇的蜀中名相诸葛亮。万事俱备,就差一个出山扬名立万、名垂千古了。

第三次时，李白决定出山。

宗氏在此刻劝说他不要去，作为权臣宗楚客的孙女，她见惯了尔虞我诈的朝堂之争，她深深地理解以她夫君的政治智慧，应该挺不过这些争斗。更何况，永王李璘是骡子是马，还未可知。而远在灵武的肃宗皇帝，已经派出手下郭子仪与李光弼打了几场耀眼的胜仗。

二者一对比，李璘凶多吉少。

况且这一去，名不正，言不顺，是把脑袋别在腰间。

对于宗氏的反对，李白写下了一首形象的诗文。

> 别内赴征三首（节选）
> 出门妻子强牵衣，问我西行几日归。
> 归时倘佩黄金印，莫学苏秦不下机。

宗氏担心他的安危，李白何曾不知，但他顾不上了，这真的是他最后的机会了，如果这次再失去，他可能到死都不会原谅自己的怯懦。

更何况，在至德二载（757年），永王并非已被打为逆贼，他找了个很好的借口，他是按照玄宗皇帝的意愿，自海上率水军前往幽州，直捣贼穴。

肃宗下诏命令他回蜀中玄宗处，李璘不听，却要东巡。

李白就是在这个时候到的李璘军营，那时正是至德二载的正月。既然已经做出了选择，李白便不再藏着掖着，一连写了数首诗文，赞颂李璘的名正言顺。他说李璘是奉命而来，"英王受庙略，秉钺清南边"，这等于是搬出了太上皇的名头，告诉天下永王的所作所为都是按照玄宗皇帝的意愿。

李白的诗文等于是把难题抛给了肃宗皇帝。

哪怕是太宗皇帝当年,也不敢公开违背父亲的意愿,只得做成既成事实。孝顺是整个天下最大的理,无人可以超出这个道德的桎梏。

肃宗皇帝大怒,让永王即刻返回蜀中玄宗处,永王不从,肃宗与高适等商议,讨伐永王。

当时刚到永王军帐中的李白,在此刻一连写下十一首《永王东巡歌》,赞颂永王的军威与师出有名,其中不乏已经明显逾制的诗句,第九首更是把永王抬高到了无以复加的地步。

永王东巡歌十一首·其九
祖龙浮海不成桥,汉武寻阳空射蛟。
我王楼舰轻秦汉,却似文皇欲渡辽。

秦皇汉武都比不上了,只有本朝的太宗皇帝勉强相似。

李白玩大发了。

而他当年的好友高适已经带着平叛的旨意到达永王军前,十多年前,他们是携手相游梁宋一带的好友,现如今,他们是各奉其主的对手。

面对少年时代就老成的肃宗,这位在太子位置战战兢兢多年,在口蜜腹剑的李林甫多年的磨砺中如履薄冰的新皇帝,将永王李璘幼稚的政治智慧打得一败涂地。

永王很快就众叛亲离,手下都意识到了失败的来临只是时间的问题,永王出逃军中,被杀半途。

李白仓皇失措,逃亡路上被捉,投入浔阳大狱。

从正月到二月,短短一个月的时间,那十一首赞颂的诗文还未传开,他已从三顾茅庐的谪仙人,成了真正的阶下囚。

谋反，是重罪，五十七岁的李白，因为渴求人生境遇的裂变，期冀理想的圆满，所以迎来了人生的至暗时刻。

像极了不断努力、不断失落的芸芸众生，甚至越是努力越是迎来更多的失败。在实现理想这条路上，运气和偶然总是重要的推手，而人的选择何其重要，前两者李白实则不缺，唯有这最后一道选择，他总是阴差阳错。

杜甫和高适选对了，他却选错了，在这人世间里做出何种选择才最有利这种事情，事后总是看得清楚，而事前总是迷雾重重。选择二字，有何道理可讲呢？也许根本就没有什么道理可讲。

可能这就是命运的安排，他所有死灰复燃在理想梦境中的点点星火，都注定了要被浇灭，因为命运早已在暗中为这一切标好了价格：李白，是大唐的谪仙人，是历史中唯一的诗仙，所以一切现实中的理想，都将与他无关。

而此刻，摆在阶下囚李白面前的路只剩下一条：如何活下去？

二 流泪请曹公

永王李璘是肃宗一手养大的。

这样的话语乍一听会觉得怪异，同是玄宗皇帝的孩子，为何李亨会抚养李璘？

只因李璘从小丧母，就在太子李亨那里被拉扯着长大了。李亨对李璘很好，他担心李璘晚上害怕，就将他这个小兄弟抱在怀里睡觉。

如果让李璘抛开封建礼教去选，他大概率会觉得李亨比玄宗更像是他的父亲。

如今，已成为肃宗皇帝的李亨，不得不对他这个弟弟下手了。李璘在逃亡路上被杀，肃宗责怪下手的臣子为何不带回到他面前，让他亲自处置自己的弟弟，而是擅自杀害？

于是将这位臣子放在了永不录用的位置。

唐肃宗的心理是极为矛盾的，他对于自己亲手养大的李璘有着难以言喻的情感，但又厌恶这个弟弟觊觎皇位，忘恩负义。他无法向天下告知杀死李璘的正义性，又无法原谅自己亲手杀掉了心爱的弟弟的事实。

所以才对臣子做出了如此模棱两可的判罚。

李璘死了，李白失去了靠山，仓皇逃窜，一路上都是杀戮和血腥：舟中指可掬，城上骸争爨。

逃难的人太多，以至于互相残杀。

他还不忘在逃亡的路上诉说着此情此景的原委乃为兄弟之争：秦赵兴天兵，茫茫九州乱。

然后他向着逃亡路上肃杀的江水解释着此次应永王之请出山的原意，他不是谋反叛逆，他是为了天下，为了讨伐安禄山、史思明的叛乱。

南奔书怀（节选）

感遇明主恩，颇高祖逖言。

过江誓流水，志在清中原。

拔剑击前柱，悲歌难重论。

但不论他怎么解释，已经无人会信他了，他写下了那么多赞颂永王的诗文,在其中将永王比作天子,这是怎么解释也无法洗清的污点。

最终,李白浔阳被系。

他悲恸万分,又毫无办法,恐惧如风般将他包裹,他在狱中向正在用宗家的关系四处奔走拯救他的妻子宗氏表达着感激。

> 在浔阳非所寄内
> 闻难知恸哭,行啼入府中。
> 多君同蔡琰,流泪请曹公。
> 知登吴章岭,昔与死无分。
> 崎岖行石道,外折入青云。
> 相见若悲叹,哀声那可闻?

但宗家的势力早已不是武则天时代那般滔天,连续的奔走似乎并无什么生机。为了活命,李白也慌了,他给所有认识的还能为他说得上话的新朋友老朋友写信,赠诗,希望能获得一线生机。

他给高适写诗,借着给他人赠诗的名义,夸赞高适如今的荣耀,高适没理他。

曾经的友谊早已被风吹散在肃杀的血腥中,除了他,高适早已不愿再提起十多年前的携手相游。

高适现在是肃宗册封的一方大员节度使,是负责清剿他们这些叛贼的,对于李白的求情,自然是以沉默回应。

李白没有办法,只好病急乱投医,他给宰相崔涣写赠诗,通过宗氏递给宰相,一连写了两首,他把自己比作虚弱的鸟儿,把对方比作良臣谋将,只等着对方来搭救。

> 狱中上崔相涣（节选）
> 台庭有夔龙，列宿粲成行。
> 羽翼三元圣，发辉两太阳。
> 应念覆盆下，雪泣拜天光。

他等不及崔涣的相救，时间不等人，不知道哪一天就会被推出去斩首。他听说宋若思在宣城做太守，是皇帝面前的红人，于是他又向宋若思求救。

李白一生名满天下，也曾是皇帝面前的红人，谈笑皆权贵，往来有王公；他与那么多族人旧友有过交集，宴会上称兄道弟，惺惺相惜，其中不乏一方大员；然而最后解救他的，只有宋若思。

宋若思甚至和他不是朋友，不是族人，亦未曾有过什么像样的交集。

要说唯一的关联，宋若思是宋之悌的儿子，宋之悌是李白的故友。

也许是二十年前李白写给他父亲宋之悌的那首诗文情深意切，当年在江夏李白曾送别宋之悌，临别写下感人肺腑的"平生不下泪，于此泣无穷"。宋若思肯定是记得这首诗的，而他的父亲又是刚直勇武之人，虎父无犬子，于是宋若思冒着巨大的风险，向李白伸出了援手。

也许其中还有崔涣的运作，为他奔走多方的宗氏总算是保住了他的一条命，也松了口气。

当年她劝他不要出山，他执意要去，现如今一语成谶，好在眼前的苦难是熬过去了。

李白在宋若思的幕中做了一段时间参谋，他又坐不住了，觉得宋

若思能救他出来，就能举荐他。

李白亲自写好举荐的文章，请宋若思帮他递交上去，宋若思不知有没有替他递交，但可以明确的是，李白在庆幸之余，又开始了他的干谒之路。

他的诗文名满天下，在当世已被天下人传诵。那么藏在暗中的无数双眼睛，便总有一双充满了嫉妒的怒火。

就在这一年，李白的好友王昌龄，被嫉妒他才华的太守闾丘晓所杀。

好友悲惨的下场没有让李白有所警醒，他始终按捺不住内心那一股文安天下武平世间的执念。

纵观李白一生所为，不得不说他其实是不懂得审时度势的，他无法在宫廷里隐忍坚守，等待真正的机遇，而是四处张扬，最终不得不走；他无法在天下大乱时看清皇权的倾斜，去投奔真正能带给他荣誉的帝王；他更是在刚刚脱离牢狱之灾后就急于清洗自己身上的污点，希望在这乱世能有他的一席之地。

于是在李白又开始蹦跶的时候，在他想让宋若思举荐的时候，在他给当时正在睢阳平叛的宰相张镐寄去赠诗，希望获得重用的时候，有人向肃宗提起了李白。

最终结果是，他的干谒，给自己拜来了流放夜郎的命运。

并非他人不肯帮他，实在是他前次给永王李璘写下的那些诗文过于刺眼。宰相张镐甚至在营救他的过程中还暗暗用了些心思。张镐在睢阳也替王昌龄报了仇，杀了违抗军令的闾丘晓。前次，就是闾丘晓因为嫉妒王昌龄的才情而痛下杀手。

就在给张镐的那些诗文都石沉大海的当口，这一年的岁末，肃宗改元为乾元元年（758年），将玄宗皇帝的以"载"代"年"再次改了回去。

李白也随着大唐新的纪年，开始了自己的流放生涯。流放夜郎，几乎等于被判了斩首，只是那是一场漫长的钝刀斩首之旅。

这一年，李白五十八岁，流放对于他来说意味着什么，他比谁都清楚。

在出发去夜郎的路上，他知道这可能是他人生中最后一次旅程了。

三　轻舟已过万重山

乾元元年，李白自浔阳开始了流放之路，妻子宗氏和妻弟送他离开，他感慨着"适遭云罗解，翻谪夜郎悲"，没想到最终还是没能逃过逆贼的下场，还好不再是斩首，保住了一条老命。

告别妻子妻弟，他自浔阳江头出发，从暮春到初夏，至江夏，去了趟李邕的故居，又登上了三十多年前刚出蜀中时登临的黄鹤楼。

那时候他意气风发，以为人生有无限可能，现在他年近花甲，拼了一辈子，最后落得个流放夜郎的下场。

多年前，也是在这里，他送别好友王昌龄，彼时的王昌龄亦是贬谪人，他告诉友人莫要害怕前路的障碍，"我寄愁心与明月，随君直到夜郎西"，现如今，轮到他被流放夜郎了。王昌龄好歹是官身贬谪，而他却是白身流放，比王昌龄还要凄惨。

到了秋天，他到了江陵，冬天，到了三峡。去往夜郎的路途，刚好需要先往着蜀中的方向折返，如果不是流放夜郎，那大概是李白回归故乡的路途。自青年时期就离开了蜀中家乡的李白，也忍不住开始想象着若这是回归故乡的路该多好，他把朝廷比作白日，幻想着"白日如分照，还归守故园"的奢望。

他一路走，一路留下感慨万千的诗文，偶尔也能在某处山城与曾经的故交喝上一杯酒，留下一首诗，然后继续出发，前往他未知的命运终途。

他在沿途又遇到被贬谪巴中的友人，羡慕地诉说着"予若洞庭叶，随波送逐臣。思归未可得，书此谢情人"，他回不去故乡，只能让想象随着友人一道去往蜀地。

这一段时间的李白对于故乡有着着魔般的执着，可能是他真的老了，与苍老总是携手而至的落叶归根之感也降临在他的身上。

他懂得了当年贺知章告老还乡的心意，明白了青年时期赵蕤不出山的初衷，原来一切不过是镜花水月，他奔波一生，最终又得到了什么呢？

什么也没得到，至少在他看来，他一直追求的理想，从未有一天实现过。当然，在天宝年间他被召入做翰林的那一刻，也许暂时地实现过，只不过那是一场误解的梦境，很快就让他苏醒了。

到了这一年的冬天，李白已经在路上走了将近一年了，他到了三峡，就要南下，前往传说中的困苦之地夜郎。

在三峡兜兜转转许久，逆流而上，始终转不出那重重叠叠的山峦，李白独立船头，垂头丧气，故乡近在眼前，他却不得而至，心中苦闷到了极限，也便化作了深深的无奈。

他是以浪漫闻名于世的诗仙，瑰丽的遣词造句是他的长处，吞吐天地的想象力是他的笔眼，然而从未有一首诗像《上三峡》这般无奈而又凄凉，又隐隐透着一股丧气。

上三峡
巫山夹青天，巴水流若兹。
巴水忽可尽，青天无到时。
三朝上黄牛，三暮行太迟。
三朝又三暮，不觉鬓成丝。

就在李白以为自己人生已经走到尽头，将要客死夜郎时，命运的大手再次翻手为云覆手为雨，将他从湿漉漉的流放之路轻轻提起，仿佛在戏耍着这位以谪仙人自居的一介凡人。

乾元二年（759年），关中遭遇大旱，肃宗下令大赦天下，李白亦在赦免之中。

闻知赦免，李白心情顿时如拨开云雾般明亮了起来，船头掉转，立刻往来时的路顺流而下。至于流放时想的故乡，也被抛诸脑后。也许是蜀中早已没有了让他惦念的人，赵蕤早已离世，双亲也不在了。故乡只是他失意时的奢望，却不是他赦免后的归宿。

他的心情犹如脚下那艘飞快的小舟，欢快而又徜徉。

早发白帝城
朝辞白帝彩云间，千里江陵一日还。
两岸猿声啼不住，轻舟已过万重山。

李白的人生又陷入某种重复之中，他从白帝城沿江而下，到了江夏便不再前行，与当地的友人太守相游。他似乎又动了干谒的心，那股沉寂了一年多的热情劲头再次燃烧起来。

　　他为此写下了一篇超长的诗文，试图向世人申明自己的清白。在那首诗文里，他几句话就轻巧地将前些次追随永王的事迹整个颠倒了。

经乱离后天恩流夜郎，忆旧游书怀赠江夏韦太守良宰（节选）
　　　　半夜水军来，浔阳满旌旃。
　　　　空名适自误，迫胁上楼船。
　　　　徒赐五百金，弃之若浮烟。
　　　　辞官不受赏，翻谪夜郎天。

　　他说自己是被胁迫的，他既没有要官做，也没有要赏钱，他写的那些诗文都是被胁迫的。

　　有人会信吗？

　　李白不知道，他只知道背着反贼的名头，这辈子都不可能有出头的时候，他心里藏了五十多年的执念般的理想，就永远不可能实现。

　　他还惦记着那些年少时就在心里立下的大志，他一生都没有忘记那些兼济天下的大愿。

　　他只想做这件事，于是他坚持了一辈子，哪怕为此身陷牢狱，差点身死异乡。

　　现在，他卸掉了身上的桎梏，便忍不住又要将那些理想公之于世。

　　然而谁又敢举荐一个曾经和天子作对的逆贼呢？干谒的结果可想而知。

　　李白便在洞庭一带兜兜转转，这是他年轻时居住过的地方，他仰慕的司马相如也曾在此漫游，他曾经在这里葬掉了好友。现如今，他又回到了这里，命运里的他兜兜转转，像是转了一个大圈，又回到了某个节点。

李白在此遇见了两位从长安来的友人，长安，多么遥远而又熟悉的地方。

李白依然记得长安城的繁华，依然记得那里的一切，他当然也记得后来安史之乱时离散的长安城。

唉，世事如过眼云烟，现如今想起长安，他的心里依然耿耿于怀，于是便与友人"且就洞庭赊月色，将船买酒白云边"。

喝酒吧，只有喝酒才能将那些遥远的记忆模糊掉，才能稍稍抚慰忧愁的心；喝酒吧，喝到醉死江中舟船，才能在梦中再次"记得长安还欲笑，不知何处是西天"。

这一段时间，肃宗又改了年号，乾元只用了两年就不用了，改元上元元年（760年）。

玄宗皇帝一生在位四十多年，只用过先天、开元、天宝三个年号，实际上先天年号只用了一年，如果不算的话，他实际上就两个年号。

这似乎也在昭示着大唐的命运实际上已经风雨飘摇，不可避免地滑向了分崩离析的结局。

改元这两年，李白都在江陵一带，见友人、喝酒、宴席、写诗，偶尔还有一两次的干谒，尽管依然无果……

人生不就是这么一回事吗。

他兜兜转转走了一圈，发现自己的一生其实都在做这几件事。

他的青春年华已经没有了，他的身体已经苍老了，他经历过被人轻视，也经历过天子亲手调羹，他现在还有的就是一些朋友，两手才华，以及一颗嗜酒的心。

他知道自己其实不是谪仙人，他知道人生也许到此为止了。

上元二年（761年），李白送夫人宗氏去往庐山，拜访隐居庐山的女道士李腾空。

李腾空乃李林甫之女，虽是权臣之女，但却出淤泥而不染，一意醉心修道。

有人说，宗氏与李白在这一年，应该是选择了好聚好散，送她往庐山修道，是他们最后的诀别。

也有人说，同为修道之人的李白，影响了宗氏，宗氏要修道，他是乐见其成的。

总之有一点是相同的，李白自此之后，再也没有见过夫人宗氏。

这一年，他已经六十一岁了，年过花甲，再过一年，他就要离开这个世间了。

四　扶摇直上九万里

六十一岁的李白回到了宣城，又去了他最爱的金陵，他仿佛已经预知到了自己死之将至似的，与金陵旧友一一告别。

这一年，安史之乱已经进入尾声，李光弼被派往江淮一带平定叛军。

李白找了匹老马，骑着它去投靠李光弼。已经是六十一岁的老人了，但他依然不服输，觉得这是一个机会。江淮不远，只要运气好，兴许就能获得李光弼这位名将的青睐，那么也许就能扶摇直上……

李白还未想明白怎么才能见到李光弼，就在半道病倒了。

病来如山倒，不得已，他厚着老脸去投靠族叔李阳冰。说是族叔，不过因为都姓李罢了。

李白老病缠身，身无分文，前无前途，后无退路，他万般无奈之下，只好把那些窘迫藏在写给李阳冰的诗文里。

献从叔当涂宰阳冰（节选）
小子别金陵，来时白下亭。
群凤怜客鸟，差池相哀鸣。
各拔五色毛，意重泰山轻。
赠微所费广，斗水浇长鲸。

他说自己已经没有钱了，只能靠这位族叔了。

好在李阳冰是义气之人，给了已经垂垂老矣的李白最后一个归宿。

他的病断断续续，时好时坏，李阳冰悉心照顾了他一年多，次年五月，玄宗皇帝薨，又过十余日，肃宗薨，太子李豫登基，改元宝应元年（762年）。

两位皇帝接连离世，关于大唐的繁华也彻底离去了，亲手调羹的人离世了，将他发配夜郎的人也离世了。再有一年，安史之乱就彻底被平定了，只是李白再也不可能看到那一天的到来。

他在当涂拖着病躯，只能在附近稍作游览，对当涂附近的十景写下赞美的诗文。再后来，又写下了几首秋日重阳的诗文，一到冬天，他就病得再也下不来床了。

宝应元年冬，六十二岁的李白走到了人生的最后一刻。

在病榻上，他颤巍巍地拿出自己珍藏的诗稿，托付于李阳冰，二人相对无言,唯有泪千行。

　　眼泪从大唐诗仙的眼角溢出,流淌过皱纹丛生的脸颊,滴落在他破旧的青衫上,李白挣扎着起身,想要再看一眼窗外的月色,只可惜天光尚早。他只能叹息一声,躺倒在病榻上,仰天长呼数声,似乎将他一辈子的委屈和痛苦都付诸长啸。然后,他缓缓地张了张干涸的嘴角,留下最后一首诗文。

　　　临终歌
　　大鹏飞兮振八裔,中天摧兮力不济。
　　余风激兮万世,游扶桑兮挂石袂。
　　后人得之传此,仲尼亡兮谁为出涕?

　　四十多年前,他刚出蜀地,干谒李邕,自比大鹏,何其潇洒狂傲。四十多年后,他依然自比大鹏,却已经是折翼而亡。

　　他一生执着于自己心中的理想,游历天下,广交四方豪士文客,曾散尽千金,曾金銮殿上被天子称赞,亦曾踽踽独行被世人所欺辱,他是仗剑天涯的侠客,他是修道寻幽的道士,他是被贺知章称为谪仙人的大唐诗仙。

　　他回忆着自己的一生,那些交过的故人,赵蕤、李邕、司马承祯、贺知章、元丹丘、岑勋、元演、吴指南、崔宗之、杜甫、高适、宋之悌、宋若思、陆调、崔成甫、孟浩然、王昌龄、汪伦……太多太多的故知,早已一一凋零;他回忆着生命中出现的四个女人,他深知自己不是一个好丈夫,但也只能如此了;他回忆着自己的一双儿女,女儿已经离世,只剩下一个儿子在这人世间艰难求生,不知道他以后的日子可怎么过下去;他回忆着曾经走过的山川原野,大江大河,洞庭湖畔、大匡山深林；金陵酒肆的肆意张扬，扬州吴越的孤独寂寞，终南山上的凄风苦雨，太原幽州的肃杀萧条，故乡蜀中的少年时光，父亲拿着司马相如的赋，告诉他这是天底下最好的文章；当然，还有长安城里的翰林院，以及他走过的每一条街巷、每一家酒肆，北门斗鸡走狗的五陵豪，长安城那些他永远不会忘却的日与夜。

到最后，他缓缓地闭上了炯亮的眸子，大唐诗仙的胸腔停止了跃动，连带着内心深处那些执念般的热情与理想，一一寂灭。李白在这一刻，走完了自己夹杂着艰辛与不羁，充斥着狂傲却又掺杂着委屈的一生。

李白一生中最快乐的时候，是什么时候呢？

是他喝酒的时候吗？

是他与妻子儿女短暂相聚的时候吗？

是他在金陵、在长安、在天下各处与友人把酒言欢的时候吗？

还是天宝年间他在金銮殿上被皇帝亲自接见的时候呢？

也许，只有最后弥留之际的李白，才会有这些问题的答案。

只是得到那个答案所需要的代价，对于李白，实在是过于残酷。

之后，他被草草埋葬，孤苦一生，无人送葬，连埋葬的地方，都不是他生前想要的地方。

再后来，唐代宗即位后，曾因仰慕李白诗名，封他为左拾遗。

拾遗官小位重，是皇帝面前的言官，是天子身边的近臣。

曾经开唐代诗文新路的陈子昂，大唐少年天才王维，以及后来的名相张九龄，李林甫嫉恨的李邕，后来的"诗圣"杜甫，都当过左拾遗。

后来的白居易，白居易的好友元稹，也是从左拾遗这个位置，一路拜相。乃至于后来,大唐的很多宰相,都在这个位置待过。

这或许不是李白最想要的那个位置,但也接近他的理想。

唯一的遗憾是,当诏令到达李白所在的地方时,他已经去世了。

他就像一道绚烂的烟火,划过了大唐的天际,划过了历史的长空,为我们留下了他一生心血铸就的诗文,千百年来为所有失意的人送去些许的慰藉,让我们能在思乡时望月吟诵,让我们能在失意时"明朝散发弄扁舟",让我们能在人生的曲折里,看到大唐谪仙人的风采,看到千百年前,曾有一位天才般的谪仙人,与我们何其相似。

半个大唐的风采亦因他的诗文而传,落于后世诸人之想象中,装点了那个灿烂的时代,却也成了他一生中所有遗憾的注脚。

命运赋予他那天才般的才华,正是他一生中所有遗憾的原委,亦是他命运的诅咒。

再后来的千年之间,多少帝王将相湮灭于历史长河里,唯有李白,无论时代如何变幻,在这个纷扰的世间,总有人在传颂他的那些诗文:

君不见,黄河之水天上来!

举头望明月,低头思故乡。

飞流直下三千尺,疑是银河落九天。

古来圣贤皆寂寞,惟有饮者留其名。

人生得意须尽欢,莫使金樽空对月。

天生我材必有用,千金散尽还复来。

十步杀一人,千里不留行。

相看两不厌,只有敬亭山。

不敢高声语,恐惊天上人。
仙人抚我顶,结发受长生。
故人西辞黄鹤楼,烟花三月下扬州。
孤帆远影碧空尽,唯见长江天际流。
桃花潭水深千尺,不及汪伦送我情。
我寄愁心与明月,随君直到夜郎西。
朝辞白帝彩云间,千里江陵一日还。
两岸猿声啼不住,轻舟已过万重山。
云想衣裳花想容,春风拂槛露华浓。
若非群玉山头见,会向瑶台月下逢。
山随平野尽,江入大荒流。
四明有狂客,呼我谪仙人。
举杯邀明月,对影成三人。
小时不识月,呼作白玉盘。
蜀道之难,难于上青天!
尔来四万八千岁,不与秦塞通人烟。
弃我去者,昨日之日不可留;
乱我心者,今日之日多烦忧。
抽刀断水水更流,举杯消愁愁更愁。
大鹏一日同风起,扶摇直上九万里。
宣父犹能畏后生,丈夫未可轻年少。
安能摧眉折腰事权贵,使我不得开心颜!
仰天大笑出门去,我辈岂是蓬蒿人。
…………